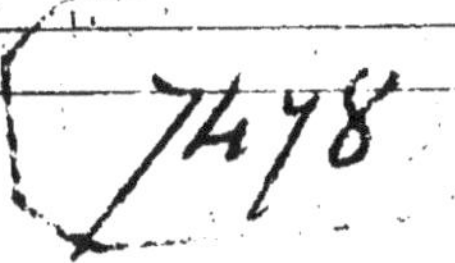

CENT MILLE
COUPS DE BANQUE

APPLICABLES

AU TRENTE-QUARANTE ET A LA ROULETTE

RECUEILLIS

PAR G. GRÉGOIRE

Auteur des Traités de TRENTE-QUARANTE, de LA ROULETTE, etc.

PARIS

PASSARD, LIBRAIRE-ÉDITEUR, 7, RUE DES GRANDS-AUGUSTINS

1864

CENT MILLE
COUPS DE BANQUE
APPLICABLES
AU TRENTE-QUARANTE ET A LA ROULETTE

A LA MEME LIBRAIRIE

G. GRÉGOIRE

Traité du Trente-Quarante. 1 vol. grand in-8 . . . . 12 50

Échiquier du Trente-Quarante, donnant toutes les figures du Trente-Quarante et de la Roulette, avec la manière de les attaquer, une feuille in-plano. 5

Le même, collé sur toile et plié 7

Traité complet de la Roulette, de ses rapports avec le Trente-Quarante et de l'assimilation de ces jeux avec les Écarts et les Dames suivi de **15,000 coups de Banque.** 1 vol. grand in-8°. 6

Cent mille coups de Banque, applicables au Trente-Quarante et à la Roulette, recueillis par G. GRÉGOIRE. 1 vol. grand in-8 . 8

Guide-Manuel illustré du Jeu de Dames, règles, principes et instructions pour le bien jouer. 1 vol. grand in-12. . 2

Traité complet illustré du Jeu de Dames, par LALLEMENT, nouvelle édition, revue et augmentée par G. GRÉGOIRE. 1 beau volume grand in-12, de plus de 300 pages, renfermant 45 figures 5

J.-A. DE R. ET DUNCAN FORBES

Nouveau Manuel illustré du Jeu des Échecs, lois et principes classification des débuts, parties modèles, fin de parties, etc. 1 vol. grand in-12 2

VAN TENAC ET DELANOUE

Manuel du Jeu de Piquet. 1 vol. in-32. . . 25

Traité du Jeu de Whist. 1 vol. in-32. . . 25

Manuel des Jeux de Boston : Boston de Fontainebleau, Boston de Lorient, Boston anglais, Cribbage, Vendôme, etc. 1 vol. in-32 25

Manuel des Jeux de Bezigue, d'Écarté et de Reversi. 1 vol. in-32 25

Manuel des Jeux de Bouillote, Lansquenet, Brelan, Florentini, Baccarat, Treize et Pharaon. 1 vol. in-32 25

Manuel des Jeux d'Impériale, Triomphe, Mouche, Ambigu, Nain-Jaune, Mariage, Rams, Vingt-et-un, Loterie, Tontine. 1 vol. in-32. 25

Les Six Volumes réunis en un 1 50

LÉON COSSON

Traité illustré du Jeu de Billard. 1 vol. in-32 2

Paris. Imp. de Dubuisson et Cie, r. Coq-Héron, 5. — 6638

CENT MILLE

COUPS DE BANQUE

APPLICABLES

AU TRENTE-QUARANTE ET A LA ROULETTE

RECUEILLIS

PAR G. GRÉGOIRE

PARIS

PASSARD, LIBRAIRE-ÉDITEUR, 7, RUE DES GRANDS-AUGUSTINS

1864

AVIS

Aux renseignements que j'ai donnés sur les coups de banque dans mes *Traités du Trente-Quarante et de la Roulette*, j'ajouterai ceux-ci :

Autrefois les recueils de coups de banque marquaient les tailles séparées : c'était ajouter aux difficultés de l'étude. Les coups du Trente-Quarante étant absolument semblables à ceux de la Roulette, pourquoi mettre des séparations qui font perdre du temps et fatiguent par l'ajustement d'une taille à l'autre?

Pour le refait, on le décompte sur tout l'argent qu'aurait fait circuler l'opération fictive. Quant au capital de réserve, on se trouvera bien gardé en le tenant de trois à quatre fois, le plus grand écart aperçu, dans une expérience de de 20 à 25,000 masses égales par exemple, ou l'équivalent si on traite par progression.

En martingales de sept coups, il faut en avoir sept à huit en réserve pour une entreprise sérieuse ; en martingales de huit coups, cinq sont nécessaires ; de neuf coups, trois, et de dix coups deux de réserve.

Dans le jeu par masses égales, il faut établir sa réserve d'après le produit ; ainsi si une marche donne 1 0 0 il ne faut pas moins de 400 masses : à 2 0 0 300 ; à 3 0 0 250 ; à 4 0 0 200.

Quand des expériences auront été bien faites, les bases ci-dessus suffiront en banque pour obtenir les mêmes résultats. Si on s'engage avec une réserve inférieure, le moindre écart inquiète, quand au contraire il faut, en opérant effectivement, avoir pleine confiance en ses études comme en ses moyens d'action.

Pour toutes autres questions, voir les *Traités de Trente-Quarante et de Roulette*, jeux que j'assimile aux jeux d'*Echecs et de Dames* : ce qui revient à dire que le hasard n'est pas plus dans les uns que dans les autres : le joueur seul fait le hasard, en se livrant à ses inspirations.

N	R	C	I	N	R	C	I	N	R	C	I	N	R	C	I

N	B	C	I	N	B	C	I	N	B	C	I	N	B	C	I

N	R	C	I	N	R	C	I	N	R	C	I	N	R	C	I

N	R	C	I	N	R	C	I	N	R	C	I	N	R	C	I

N	R	C	I	N	R	C	I	N	R	C	I	N	R	C	I
•			•	•			•	•		•		•		•	
•			•		•		•		•		•	•		•	
•		•			•		•	•			•	•			•
	•		•	•		•		•		•			•	•	
	•	•		•			•	•		•		•		•	
•		•		•			•	•			•		•		•
	•	•			•	•		•			•		•	•	
	•		•		•	•			•		•	•		•	
	•	•			•		•		•	•			•		•
•		•			•		•	•		•			•		•
	•	•			•	•			•	•		•		•	
•		•			•		•	•			•	•			•
•			•		•	•			•	•			•		•
	•	•			•		•		•		•		•		•
•			•	•		•		•			•	•			•
•			•		•	•			•		•		•		•
	•		•		•		•	•		•		•			•
	•		•		•	•		•			•		•		•
	•	•		•		•		•		•		•		•	
	•		•		•	•			•	•		•			•
	•	•			•		•		•	•		•			•
	•		•		•		•	•			•	•		•	
•		•		•		•		•		•			•	•	
	•	•		•		•			•	•		•			•
	•		•	•		•		•		•		•			•
•			•	•		•			•		•		•	•	
•		•			•	•			•	•		•			•
	•	•			•	•			•		•		•		•
•			•	•		•		•			•	•		•	
•			•	•			•	•		•			•		•
	•		•	•		•		•			•		•		•
	•	•			•	•			•		•		•		•
	•		•	•		•		•			•	•		•	
	•		•	•			•	•		•		•		•	
•		•			•	•			•	•			•	•	
	•		•		•	•			•	•			•		•
•			•		•		•	•		•			•		•
	•		•	•			•		•	•		•		•	
	•	•		•		•			•	•		•			•
•		•			•		•		•	•			•		•
•		•			•	•			•	•		•		•	
•		•		•			•		•		•	•			•
	•		•	•			•	•		•			•		•
•		•		•			•		•	•			•	•	
•			•	•			•		•		•		•		•
	•		•	•			•	•			•	•		•	
•			•		•	•			•	•			•	•	
•			•	•			•	•			•		•		•
	•	•			•		•	•		•		•		•	
•			•	•		•			•	•		•			•
•		•			•		•	•		•		•			•
•		•			•	•			•		•		•		•
•			•	•		•			•		•	•			•
•		•		•			•		•	•			•		•
•			•		•	•		•		•			•	•	
	•	•		•			•	•		•			•	•	
	•		•		•	•			•		•		•	•	
•		•		•			•		•	•		•			•
	•		•		•		•	•		•			•		•
	•		•		•		•	•		•		•			•

N	R	C	I	N	R	C	I	N	R	C	I	N	R	C	I

N	R	C	I	N	R	C	I	N	R	C	I	N	R	C	I
	•	•			•		•	•			•		•	•	
•			•	•			•		•	•		•			•
	•		•	•			•	•		•		•			•
•		•		•			•	•			•	•		•	
•			•	•		•			•		•		•		•
	•	•		•			•		•	•		•		•	
	•		•	•			•	•			•		•		•
•			•		•		•	•		•		•			•
•			•		•	•		•			•	•			•
•			•	•		•		•			•		•		•
•			•		•	•			•		•		•		•
•			•	•		•		•		•			•		•
	•	•			•		•		•		•		•	•	
	•		•		•	•		•			•	•			•
•		•			•		•		•		•	•		•	
•		•			•	•			•	•		•		•	
	•	•		•		•		•		•		•		•	
•			•		•		•	•			•	•			•
•			•		•		•		•	•			•		•
•			•	•			•	•		•		•			•
	•		•	•			•		•	•			•		•
•			•		•		•	•			•	•			•
•		•		•			•	•			•		•	•	
•		•		•			•		•	•		•		•	
•			•		•		•		•		•		•		•
	•	•		•			•	•			•		•	•	
	•	•		•			•		•		•	•		•	
	•		•	•		•		•			•	•			•
•			•	•			•		•	•			•		•
•			•		•		•	•		•			•		•
	•		•		•	•		•			•	•			•
	•	•			•	•			•		•		•	•	
•			•		•		•	•		•		•			•
	•	•			•	•			•	•		•		•	
	•	•			•		•		•		•	•		•	
•			•		•	•		•		•			•		•
	•		•		•	•			•		•	•			•
	•	•		•			•	•		•		•		•	
	•		•		•		•		•	•			•		•
•			•		•		•		•	•		•			•
•		•		•		•			•		•	•		•	
•		•		•		•			•	•			•	•	
	•		•		•	•			•		•		•		•
•			•	•			•		•	•			•		•
•		•		•		•			•	•			•	•	
	•	•		•		•		•			•		•	•	
	•		•	•		•			•	•			•		•
	•		•	•			•		•		•		•		•
	•		•	•		•			•	•			•		•
•			•	•		•			•	•			•		•
	•	•			•	•		•		•			•	•	
•			•		•	•		•			•		•		•
•			•	•			•		•		•		•		•
•			•	•			•		•	•		•			•
	•		•	•			•		•		•	•			•
•		•			•	•			•	•		•		•	
	•	•			•	•		•			•	•		•	
	•		•	•			•		•	•		•			•
•			•		•		•	•		•			•		•
	•	•		•		•		•		•		•		•	

N	R	C	I	N	R	C	I	N	R	C	I	N	R	C	I

N	R	C	I	N	R	C	I	N	R	C	I	N	R	C	I
	•		•	•			•	•			•		•	•	
	•	•		•			•		•	•		•			•
•			•		•	•		•		•			•		•
•			•	•		•		•			•		•		•
•		•		•		•		•		•		•			•
	•	•			•		•		•	•		•			•
	•	•		•		•			•	•			•	•	
•		•		•		•			•		•		•	•	
•		•			•	•			•	•		•			•
	•	•		•		•			•		•		•		•
•		•		•			•		•		•	•		•	
	•		•	•			•		•		•		•		•
•		•			•		•		•	•			•	•	
	•		•	•		•		•			•	•			•
	•	•			•		•		•		•		•		•
•			•	•		•			•		•		•		•
•		•		•			•		•		•	•			•
•			•		•	•		•		•		•			•
•			•		•	•		•		•			•		•
•		•			•		•		•		•		•		•
•		•			•	•		•		•		•		•	
•		•		•		•			•	•		•			•
•		•			•	•			•		•	•		•	
•		•			•	•		•			•	•			•
•		•			•	•		•		•			•		•
•			•		•	•		•			•	•			•
•		•			•	•		•		•		•		•	
	•		•		•		•	•			•		•	•	
•		•			•	•			•		•		•	•	
	•	•			•		•		•		•		•		•
•		•		•			•	•		•			•	•	
•		•		•			•	•			•	•		•	
	•	•		•		•		•			•	•		•	
	•		•	•		•		•			•	•		•	
•			•		•	•		•		•		•			•
•			•	•			•	•			•		•		•
•		•		•			•	•		•			•	•	
•		•			•		•	•		•			•		•
	•		•		•		•		•		•	•		•	
	•		•		•		•	•		•			•		•
•		•		•			•		•	•		•			•
	•		•	•			•		•	•			•		•
	•		•		•		•		•	•			•		•
•			•	•		•			•	•		•		•	
•			•	•		•			•	•			•		•
•		•		•			•		•		•		•	•	
	•		•		•	•		•			•	•			•
	•		•		•		•		•		•	•			•
	•		•	•			•	•		•		•		•	
•		•			•	•			•		•	•			•
•			•		•		•		•		•		•		•
	•	•			•		•		•		•		•		•
•			•		•		•		•	•		•			•
	•	•			•		•	•		•			•	•	
	•	•			•		•		•		•		•	•	
	•	•			•	•			•		•	•			•
•			•		•		•		•		•		•	•	
•			•		•	•			•		•	•		•	
	•		•		•		•		•		•		•		•
	•	•		•			•	•			•	•		•	

N	R	C	I	N	R	C	I	N	R	C	I	N	R	C	I

N	R	C	I	N	R	C	I	N	R	C	I	N	R	C	I

N	R	C	I	N	R	C	I	N	R	C	I	N	R	C	I

N	R	C	I	N	R	C	I	N	R	C	I	N	R	C	I
•		•			•		•	•		•			•	•	
	•		•	•			•	•			•		•	•	
	•		•	•			•	•			•	•		•	
	•	•		•			•	•			•	•		•	
•		•			•		•	•		•		•		•	
	•	•		•			•	•			•		•		•
	•	•		•		•			•	•			•		•
	•		•		•	•		•		•			•	•	
•			•	•		•			•		•	•			•
•		•		•		•			•	•			•	•	
•		•		•			•		•	•		•			•
	•		•	•		•		•		•		•		•	
	•		•	•		•			•		•		•	•	
	•		•	•			•	•			•	•		•	
•		•			•	•		•		•			•	•	
•		•		•		•		•		•		•		•	
•			•		•	•			•	•			•	•	
	•	•			•		•	•		•		•			•
	•	•			•	•		•		•		•		•	
	•	•		•		•			•		•	•			•
•			•		•		•		•		•		•		•
	•	•			•		•		•		•		•	•	
	•	•			•	•		•			•		•		•
•		•		•		•			•		•	•			•
•			•	•		•			•	•		•			•
•		•			•		•		•	•			•		•
•		•			•	•			•	•			•		•
	•	•			•		•	•		•		•			•
•			•	•		•		•		•			•		•
•		•		•			•		•		•	•		•	
•			•		•	•		•			•		•		•
•		•		•			•	•		•		•		•	
•		•		•			•	•		•		•		•	
•		•			•		•		•		•		•		•
	•		•	•		•		•		•			•		•
	•	•		•			•	•		•		•		•	
	•		•	•			•		•	•			•	•	
•		•			•	•			•	•			•	•	
	•	•			•		•	•		•		•		•	
•		•		•			•	•			•		•		•
•			•		•		•	•		•			•	•	
	•		•		•	•		•		•		•			•
	•		•	•			•		•	•			•		•
	•		•		•	•		•			•		•	•	
	•	•			•		•	•			•		•		•
•			•		•	•		•		•		•		•	
	•	•		•			•	•			•		•	•	
	•	•		•		•			•	•			•	•	
	•	•			•	•		•			•		•	•	
	•	•			•		•		•	•		•			•
•			•		•		•	•			•		•		•
	•		•	•			•	•			•	•			•
	•		•	•		•			•	•		•		•	
	•		•		•	•			•		•	•			•
•		•			•		•		•	•			•		•
•			•		•		•		•		•	•		•	
•		•		•		•		•			•	•		•	
	•		•	•			•		•	•			•		•
•			•		•		•		•	•			•		•
	•		•	•			•		•		•		•	•	

N	R	C	I	N	R	C	I	N	R	C	I	N	R	C	I

N	R	C	I	N	R	C	I	N	R	C	I	N	R	C	I
•		•		•			•		•	•		•		•		•
•			•		•	•		•			•		•		•
•			•		•	•		•		•		•		•	
	•	•		•		•		•			•		•	•	
•		•			•	•		•		•		•	•	
	•	•			•		•	•			•		•	•	
•		•		•		•		•		•				•		•
	•		•		•	•		•			•	•		•	
•			•	•			•	•		•			•		•
•		•		•		•		•		•		•		•	
•		•			•	•		•			•		•	•	
•			•	•			•		•		•		•	•	
•			•		•	•		•		•				•		•
	•	•			•		•	•			•		•	•	
•			•		•	•		•		•				•		•
•		•			•		•		•		•	•			•
	•	•			•		•	•		•			•	•	
	•	•		•		•		•		•				•		•
	•	•			•		•	•		•			•	•	
	•	•			•		•		•		•	•		•	
•			•	•		•		•		•			•	•	
•			•		•		•		•		•	•		•	
	•		•		•	•		•		•		•		•	
•			•	•		•		•		•		•		•	
	•	•			•		•	•		•			•	•	
	•	•		•			•		•		•	•			•
•			•	•		•			•		•		•		•
	•		•	•		•		•			•		•	•	
•			•		•	•			•		•		•	•	
•		•			•		•		•		•		•	•	
•			•	•		•		•			•		•	•	
	•		•	•		•			•		•	•			•
•		•		•			•	•		•			•	•	
	•	•		•			•		•		•		•		•
•			•		•	•		•			•	•		•	
	•	•		•			•		•	•			•	•	
	•	•			•	•		•		•				•		•
	•		•	•			•	•			•		•		•
	•	•		•		•			•	•		•			•
	•		•		•		•		•		•	•		•	
	•		•	•			•		•	•		•		•	
	•	•		•			•	•		•				•		•
	•	•		•		•		•			•		•	•	
•		•		•			•	•		•				•		•
•		•		•			•	•			•	•		•	
•			•		•	•		•		•		•			•
•		•			•	•		•			•		•		•
	•	•		•		•			•	•			•	•	
•		•			•		•		•	•		•		•	
•			•	•		•		•			•	•		•	
•			•	•		•			•	•			•		•
•			•		•	•		•			•	•		•	
•			•	•		•		•		•			•	•	•
•			•	•		•		•			•		•		•
	•	•			•	•		•		•		•		•	
•		•			•	•		•			•		•		•
•		•		•		•			•		•	•			•
•			•	•			•	•			•	•			•
•			•	•			•		•	•			•		•
•		•			•	•			•	•			•		•

N	R	C	I	N	R	C	I	N	R	C	I	N	R	C	I

N	R	C	I	N	R	C	I	N	R	C	I	N	R	C	I

N	R	C	I	N	R	C	I	N	R	C	I	N	R	C	I

N	R	C	I	N	R	C	I	N	R	C	I	N	R	C	I
	•		•	•			•		•	•		•			•
	•	•		•		•			•	•			•	•	
	•		•		•		•		•		•		•	•	
	•	•			•	•			•		•	•		•	
•			•	•			•		•	•		•		•	
	•		•		•		•		•		•	•		•	
	•		•		•		•		•	•		•		•	
•			•	•			•	•		•		•			•
•		•		•			•	•		•			•	•	
	•	•			•	•			•		•		•	•	
	•	•		•			•		•	•		•		•	
•		•			•		•	•		•			•	•	
•		•			•		•		•		•	•		•	
	•		•		•		•		•	•			•		•
•		•			•	•			•	•			•		•
•		•			•	•		•		•			•		•
	•		•	•		•			•	•			•		•
	•		•	•		•		•		•		•		•	
	•		•	•			•	•		•		•			•
•			•	•		•			•	•			•	•	
	•	•		•			•	•			•	•		•	
	•	•		•		•			•		•	•		•	
	•	•			•		•	•			•		•		•
	•	•			•	•			•		•	•			•
	•		•		•	•		•			•	•			•
	•		•		•	•		•			•	•		•	
•			•	•		•		•			•	•			•
•		•		•			•	•			•		•		•
•			•	•			•	•		•			•	•	
•		•			•	•			•		•	•		•	
	•	•			•		•		•		•	•		•	
•			•		•	•			•		•	•			•
	•	•			•		•		•	•		•			•
•			•	•		•			•		•	•			•
	•	•		•		•		•		•			•		•
•		•		•		•		•		•		•			•
	•	•		•			•		•		•		•		•
	•		•		•	•			•	•		•			•
	•		•		•		•		•	•		•		•	
•			•		•	•			•		•	•		•	
•			•		•	•			•		•		•	•	
	•	•		•			•	•		•		•			•
	•		•		•		•		•	•			•	•	
	•	•		•			•		•		•	•		•	
	•	•			•	•			•		•		•	•	
•		•			•	•		•		•		•			•
•			•		•		•	•		•		•			•
•			•	•		•			•	•		•		•	
	•	•			•		•	•		•			•		•
	•		•	•		•		•		•			•	•	
	•		•	•			•		•	•		•			•
•		•			•		•	•		•			•		•
	•	•		•			•	•			•		•		•
•			•		•		•		•	•			•		•
	•	•			•	•		•		•			•		•
•		•		•			•		•	•		•			•
•			•	•			•		•	•			•		•
•		•		•			•		•	•		•		•	
•		•			•	•		•			•	•		•	
	•		•		•		•	•			•	•		•	

N	R	C	I	N	R	C	I	N	R	C	I	N	R	C	I

N	R	C	I	N	R	C	I	N	R	C	I	N	R	C	I
	•	•		•		•			•	•			•	•	
•		•			•	•			•	•		•		•	
	•	•			•		•		•	•			•		•
•			•		•	•		•		•			•	•	
	•	•			•		•		•	•			•	•	
•			•		•		•	•			•		•		•
	•	•			•		•		•	•			•		•
•		•			•		•		•	•		•			•
	•		•		•	•			•	•		•			•
	•	•		•		•		•			•	•			•
•			•	•		•			•		•	•		•	
	•	•		•			•	•			•		•		•
•			•	•		•		•		•		•			•
•			•	•			•	•		•		•		•	
	•		•		•	•			•	•			•	•	
	•		•	•		•		•			•		•		•
	•	•			•	•		•			•	•		•	
•			•		•	•			•	•			•		•
•		•			•	•		•			•		•	•	
	•		•		•	•			•		•		•	•	
	•	•			•	•		•		•			•	•	
•			•		•	•		•			•		•		•
•		•			•		•		•	•		•			•
	•	•			•		•	•		•		•		•	
•		•			•	•			•	•		•			•
	•		•		•	•			•		•		•		•
•			•	•		•			•	•		•			•
	•	•		•		•			•	•			•	•	
	•	•			•	•		•			•		•		•
	•	•		•		•		•		•			•		•
•			•		•		•	•			•		•	•	
•			•	•		•		•		•		•		•	
•		•		•			•		•		•		•		•
	•	•			•		•		•	•			•	•	
	•		•	•		•		•		•			•		•
•			•	•			•		•	•			•		•
	•		•		•	•			•		•	•			•
	•	•			•	•		•		•			•	•	
	•		•		•		•	•		•			•	•	
	•		•		•		•		•	•		•			•
•		•			•		•		•	•		•			•
•			•		•	•			•	•			•	•	
	•	•			•	•		•			•	•		•	
•		•		•		•			•	•		•			•
•		•			•		•	•			•		•		•
	•		•		•	•		•		•		•		•	
	•	•		•		•		•			•	•		•	
	•	•		•		•			•		•	•			•
•			•	•			•	•			•	•		•	
•		•			•	•		•		•			•		•
•		•		•			•	•		•		•			•
	•	•			•	•			•		•		•	•	
	•	•		•			•	•			•		•		•
	•		•		•	•		•		•			•		•
	•		•		•		•		•	•		•			•
•			•	•			•	•			•		•	•	
	•	•		•		•			•	•			•		•
	•		•		•		•	•			•	•			•
•			•	•		•			•	•		•			•
•		•			•	•		•			•	•			•

N	R	C	I	N	R	C	I	N	R	C	I	N	R	C	I

N	R	C	I	N	R	C	I	N	R	C	I	N	R	C	I
•		•		•		•			•		•	•			•
•			•		•	•		•			•	•			•
•			•	•			•	•		•			•	•	
	•		•		•	•		•		•		•		•	
•			•		•	•		•			•	•			•
•		•			○		•		•	•			○	•	
•			○		•	•		•			○	•			•
•			•	•			•		•		•	•			•
•		•		•			○	•			•		•		•
•			•		•	•			•		•	•		•	
•		•		•		•		•		•			•	•	
	•		•		•		•	•		•			•	•	
•			•	•		•		•		•		•		•	
	•		•	•		•			•		•		•		•
	•	•		•			•		•		•		•	•	
	•		•		•		•		•		•	•			•
	○	•			•	•		•			•		•	•	
•			•		•		•	○			•		•	•	
	•	•			•		○	•			•		•	•	
	•	•			•		•	•		•		•		•	
•			•		•	•			•		•	•			•
	•	•		•		•		•		•			•	•	
•			•		•		•	•		•			•	•	
•		•		•			•		•		•		•	•	
•		•		•		•			•	•			•		•
	•	•			•	•		•		•			•		•
•		•			•	•		•			•	•		•	
•			•		•		•	•			•	•		•	
•			•	•		•			•	•		•		•	
	•	•			•	•		•			•		•	•	
	•		•		•		•		•		•		•		•
	•		•	•			•		•	•			•		•
•			•		•		•		•	•		•			•
•		•		•			•		•		•		•		•
	•	•			•		•	•		•			•	•	
	•	•			•	•			•		•		•		•
	•	•		•		•		•		•		•			•
	•	•			•	•			•		•		•		•
	•		•		•	•			•		•		•	•	
•			•		•		•		•	•			•		•
•		•		•			•		•		•	•		•	
	•	•			•		•	•			•	•			•
	•		•		•		•		•		•	•		•	
•		•		•			•	•			•		•		•
•		•		•			•		•	•		•			•
	•	•		•			•		•	•			•	•	
	•	•		•			•	•		•		•			•
	•		•	•		•			•		•		•	•	
	•	•			•		•		•	•		•			•
•		•			•		•	•		•			•	•	
•			•	•		•			•	•		•		•	
•			•	•			•		•	•			•	•	
•			•		•	•		•		•			•		•
•		•		•		•			•		•	•		•	
•		•			•		•	•		•			•	•	
•			•	•			•	•			•	•		•	
•			•		•	•			•		•	•			•
	•	•			•		•	•			•	•			•
•		•		•		•		•		•			•		•
•			•	•			•		•	•		•			•

N	R	C	I	N	R	C	I	N	R	C	I	N	R	C	I

N	R	C	I	N	R	C	I	N	R	C	I	N	R	C	I

N	R	C	I	N	R	C	I	N	R	C	I	N	R	C	I

N	R	C	I	N	R	C	I	N	R	C	I	N	R	C	I
	•		•	•			•	•			•		•		•
	•		•	•		•			•	•			•	•	
•			•		•		•		•	•		•		•	
	•	•			•	•			•	•		•		•	
	•	•		•		•			•	•		•		•	
	•		•	•			•	•			•	•		•	
	•		•		•		•	•			•	•		•	
	•	•		•			•		•	•			•		•
	•	•		•		•			•	•			•	•	
•			•	•			•	•		•			•	•	
	•	•		•		•			•		•	•		•	
•			•	•		•		•			•	•		•	
	•		•		•	•		•			•		•		•
•		•			•	•		•			•		•	•	
•		•			•	•			•		•		•	•	
•			•	•		•			•		•		•	•	
	∘		•	•		•			•	•		•			•
•		•		•			•	•		•		•		•	
	•		•		•	•		•		•		•		•	
•			•		•	•		•			•		•		•
	•		•	•			•		•	•			•	•	
	•		•		•		•	•		•			•	•	
•		•			•	•		•		•			•		•
•		•			•		•		•	•		•		•	
•		•			•	•			•	•		•		•	
	•		•		•	•		•		•		•		•	
•			•		•	•			•	•			•		•
•			•	•			•	•		•		•			•
	•	•			•	•			•		•	•			•
	•		•	•			•		•		•		•		•
•			•	•		•		•		•			•		•
•			•		•	•		•		•		•			•
	•		•		•	•		•			•		•	•	
	•		•	•			•	•			•		•		•
	•		•	•		•		•			•	•			•
	•	•			•	•		•		•			•	•	
•		•		•		•		•		•		•		•	
•			•	•		•		•		•			•	•	
	•		•		•	•			•		•		•		•
•			•		•		•	•			•		•	•	
	•	•		•			•		•	•			•		•
•			•	•			•	•		•		•		•	
•		•			•	•		•			•		•	•	
	•		•		•	•			•	•		•		•	
•			•		•	•		•			•	•		•	
	•	•			•	•		•			•	•		•	
	•		•		•	•		•		•			•	•	
	•	•		•			•		•		•		•	•	
	•		•	•		•			•		•	•			•
•			•		•		•		•	•			•	•	
	•		•	•			•	•			•		•	•	
•		•		•		•		•		•			•		•
	•		•	•			•	•			•		•	•	
	•		•		•		•		•		•		•		•
	•		•		•		•		•	•		•			•
	•	•			•		•	•		•			•	•	
	•	•		•		•		•			•		•		•
	•	•			•	•			•		•	•		•	
	•	•			•		•		•		•	•		•	
	•		•	•			•	•		•			•	•	

N	R	C	I	N	R	C	I	N	R	C	I	N	R	C	I

N	R	C	I	N	R	C	I	N	R	C	I	N	R	C	I

N	R	C	I	N	R	C	I	N	R	C	I	N	R	C	I

N	R	C	I	N	R	C	I	N	R	C	I	N	R	C	I

N	R	C	I	N	R	C	I	N	R	C	I	N	R	C	I

N	R	C	I	N	R	C	I	N	R	C	I	N	R	C	I

N	R	C	I	N	R	C	I	N	R	C	I	N	R	C	I

N	R	C	I	N	R	C	I	N	R	C	I	N	R	C	I

N	R	C	I	N	R	C	I	N	R	C	I	N	R	C	I

N	R	C	I	N	R	C	I	N	R	C	I	N	R	C	I

N	R	C	I	N	R	C	I	N	R	C	I	N	R	C	I

N	R	C	I	N	R	C	I	N	R	C	I	N	R	C	I

N	R	C	I	N	R	C	I	N	R	C	I	N	R	C	I

N	R	C	I	N	R	C	I	N	R	C	I	N	R	C	I
•			•		•	•			•		•	•		•	
•			•	•		•		•			•		•		•
•			•		•		•	•		•			•	•	
	•		•	•			•		•		•	•			•
	•		•		•		•		•		•		•		•
	•	•			•		•	•			•		•	•	
•		•		•			•	•			•		•	•	
	•	•		•		•		•			•		•	•	
•			•		•		•	•		•			•		•
	•		•		•		•		•		•	•			•
•			•		•		•		•	•			•		•
	•	•		•		•		•			•		•	•	
•		•		•		•		•			•	•			•
	•	•			•	•			•	•		•		•	
•		•			•	•		•		•			•		•
	•	•		•			•	•		•		•		•	
•			•	•			•	•			•	•		•	
•		•			•		•		•	•			•		•
•		•			•		•		•	•			•		•
•		•		•			•		•	•			•		•
	•	•			•		•	•		•		•			•
	•	•			•		•	•		•		•		•	
	•		•	•		•		•		•			•		•
	•		•		•	•		•		•		•		•	
•		•		•		•			•	•		•			•
•			•	•		•			•		•		•		•
	•	•		•			•	•		•		•			•
	•		•	•			•		•		•	•			•
•		•		•		•		•			•	•		•	
•		•			•		•	•			•	•			•
•		•		•		•			•		•		•		•
	•	•			•		•		•	•		•		•	
•		•			•	•			•		•		•	•	
•			•	•			•	•		•			•	•	
	•		•	•			•	•			•	•			•
	•	•			•	•		•		•			•	•	
•			•	•			•		•	•			•	•	
•			•		•		•		•	•			•		•
•			•	•			•		•		•		•	•	
•			•	•		•		•		•			•		•
	•	•		•			•	•		•		•		•	
	•	•			•	•		•			•		•	•	
	•		•		•	•		•			•	•			•
	•		•		•		•	•			•		•	•	
	•	•			•		•		•		•	•		•	
•			•	•		•		•			•	•		•	
•		•		•			•		•		•	•		•	
•		•			•	•		•		•			•		•
	•	•			•	•			•		•		•		•
•		•		•		•		•			•	•			•
	•		•		•	•		•		•		•		•	
	•		•		•	•			•	•		•		•	
•			•		•	•			•		•		•	•	
•		•		•			•	•			•		•		•
	•	•	•		•		•	•		•			•		•
	•		•		•		•		•	•			•	•	
•			•		•	•			•		•	•			•
•		•			•		•	•		•			•		•
•			•		•		•	•		•			•	•	
•		•	•	•		•		•			•	•			•

N	R	C	I	N	R	C	I	N	R	C	I	N	R	C	I

N	R	C	I	N	R	C	I	N	R	C	I	N	R	C	I
•		•			•	•		•		•			•	•	
•		•		•			•		•	•		•			•
•			•	•			•		•		•		•		•
	•		•		•	•		•			•	•		•	
	•	•		•			•	•			•	•		•	
	•	•			•	•		•		•		•		•	
•			•	•			•		•		•	•			•
•			•		•		•	•		•			•		•
•			•	•			•		•	•		•			•
•			•	•		•		•		•			•	•	
	•	•		•			•	•			•	•			•
	•		•		•		•	•		•		•			•
•		•			•		•	•		•		•		•	
	•	•			•	•		•		•			•	•	
	•	•			•	•		•		•			•	•	
•		•		•		•		•			•	•		•	
•			•		•		•	•		•			•	•	
•		•			•	•			•	•		•			•
•		•		•			•	•		•		•		•	
•		•		•			•	•			•		•	•	
•			•		•	•			•		•		•	•	
	•		•	•			•	•			•		•	•	
•		•			•		•	•			•	•			•
•		•			•	•			•	•		•		•	
•			•		•		•		•		•		•	•	
	•	•			•		•	•			•	•			•
•			•		•		•		•	•		•			•
•		•			•		•		•	•			•	•	
•		•			•		•		•		•	•			•
•			•	•			•		•		•		•	•	
•		•			•	•			•		•		•	•	
	•	•		•			•	•			•		•	•	
•			•	•		•			•	•			•	•	
•		•		•		•			•		•	•		•	
	•		•	•		•			•		•		•	•	
•		•			•	•			•	•		•			•
	•		•		•		•	•		•			•	•	
	•	•			•		•		•		•	•		•	
•		•		•		•		•		•			•		•
	•		•		•	•			•		•	•		•	
	•	•			•	•			•	•		•		•	
•		•		•			•	•			•		•		•
	•		•	•			•	•			•		•		•
	•	•			•		•	•			•		•	•	
•			•	•		•			•		•		•	•	
	•		•		•	•		•			•		•	•	
	•	•		•			•		•		•		•		•
•			•	•			•	•		•		•		•	
•			•	•			•		•	•		•		•	
•		•		•			•	•			•	•			•
•			•		•		•	•			•	•		•	
	•	•			•	•			•		•		•		•
•			•		•		•	•			•		•	•	
•		•		•			•	•			•		•		•
	•	•		•			•	•			•		•	•	
•		•			•	•		•			•	•		•	
	•	•			•	•		•			•	•			•
•		•			•	•		•			•	•			•
•		•		•		•		•			•		•		•
•			•		•	•			•		•	•			•

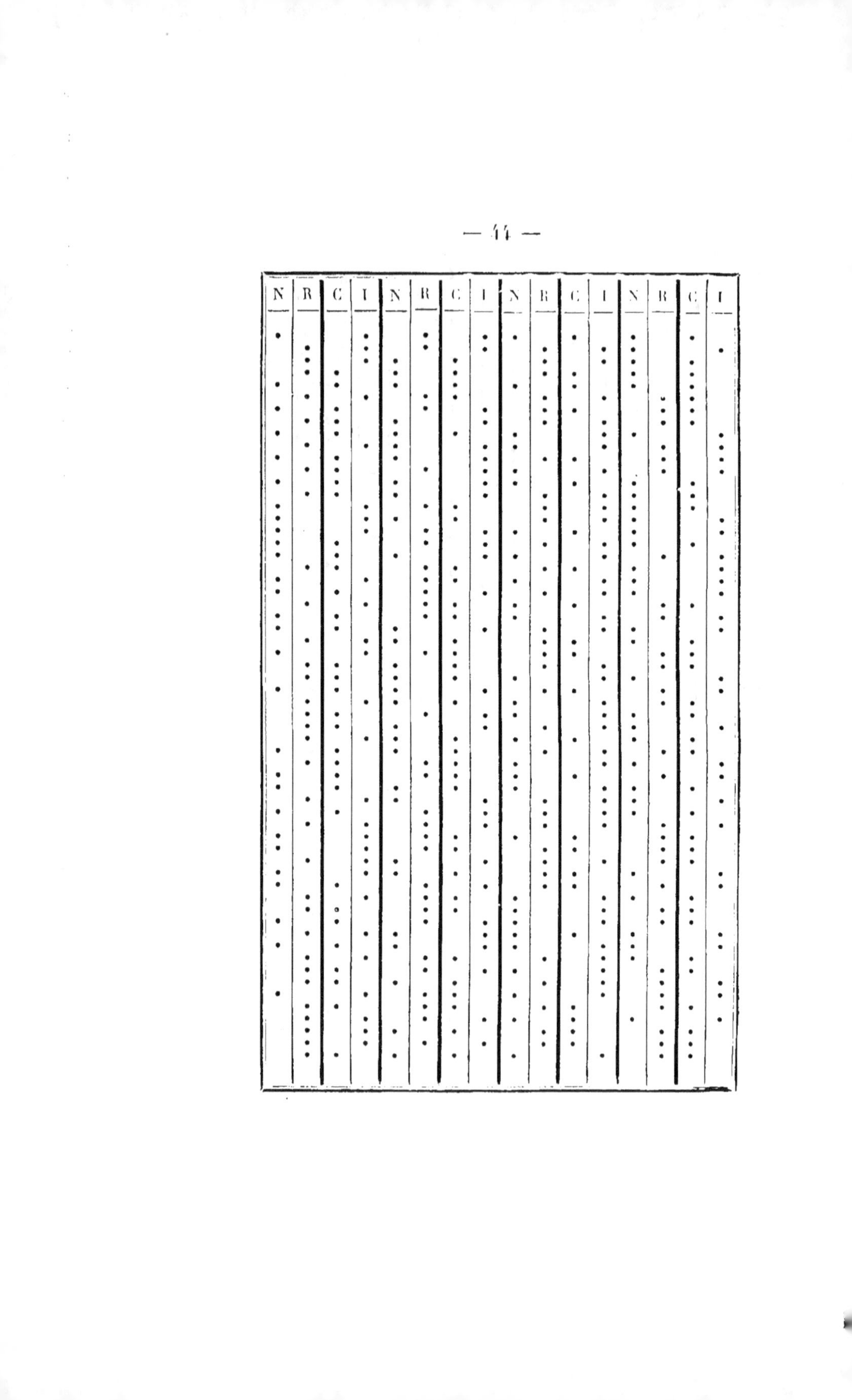

N	R	C	I	N	R	C	I	N	R	C	I	N	R	C	I

N	R	C	I	N	R	C	I	N	R	C	I	N	R	C	I
	•		•		•	•		•			•	•		•	
	•	•		•			•		•	•			•	•	
	•	•			•	•			•		•		•	•	
•			•		•	•			•		•	•			•
•			•		•	•			•		•	•		•	
•		•			•	•		•		•			•		•
	•	•		•		•		•		•			•	•	
•		•			•	•			•	•			•		•
•			•		•		•	•			•		•	•	
•			•		•		•	•			•		•	•	
	•	•			•		•		•	•		•		•	
•			•		•	•			•		•	•			•
•			•	•		•			•		•		•		•
•		•		•			•		•		•	•		•	
•		•			•	•		•		•			•		•
•		•		•			•	•			•		•		•
•			•	•		•		•			•		•		•
•		•		•		•			•	•		•			•
•			•	•		•		•		•		•			•
	•		•	•			•		•	•			•		•
•			•	•		•		•			•	•			•
	•		•		•		•	•			•	•			•
•			•		•		•	•			•	•			•
	•		•	•			•		•	•		•		•	
	•		•	•		•		•			•	•			•
•		•		•		•		•			•		•	•	
•		•		•		•		•			•	•			•
•	•	•		•			•	•		•			•	•	
	•	•		•		•		•			•	•		•	
	•		•	•		•			•		•		•	•	
•			•	•			•	•			•		•	•	
•			•		•	•		•		•			•		•
	•		•	•			•	•		•		•			•
•		•			•	•		•		•			•	•	
•		•		•			•		•		•		•	•	
•		•			•	•			•	•		•		•	
	•		•		•		•		•	•		•		•	
	•	•		•			•		•	•		•		•	
•			•	•		•			•	•		•			•
•		•			•		•	•		•			•	•	
	•		•	•			•		•		•	•		•	
	•	•		•		•			•		•	•		•	
•		•			•		•		•	•		•			•
•			•		•	•		•			•		•		•
•			•		•		•		•	•			•	•	
•			•	•		•		•			•	•		•	
	•	•		•			•		•		•		•	•	
•			•		•	•			•		•	•		•	
	•	•			•	•			•		•	•			•
•		•			•	•			•	•			•		•
	•	•			•	•		•		•			•		•
	•	•			•		•		•	•			•	•	
	•	•		•			•		•		•	•			•
	•		•		•	•			•		•		•	•	
	•		•		•	•		•		•			•	•	
	•	•		•		•		•		•			•		•
	•	•		•		•			•		•		•	•	
	•	•		•		•			•		•	•			•
•		•		•		•			•		•	•			•
•		•		•			•		•	•		•		•	

N	R	C	I	N	R	C	I	N	R	C	I	N	R	C	I

N	R	C	I	N	R	C	I	N	R	C	I	N	R	C	I
•			•		•	◦			•	•			•		•
•		•		•			•	•		•		•		•	
	•		•	•			•	•		•			•		•
•		•		•		•		•		•			•		•
•			•		•	•		•			•		•		•
•			•		•		•	•			•		•		•
	•		◦	•			•		•		•		•	•	
•			•	•		•		•			•		•	•	
	•		•	•		•			•		•	•		•	
•			•	•		•			•	•		•			•
•		•		•		•			•		•		•	•	
•			•	•			•	•			•	•			•
	•	•		•		•			•		•		•		•
•			•		•	•			•		•		•	•	
•		•		•			•		•	•			•	•	
	•	•		•			•		•		•	•		•	
	◦		•	•		•		•		•		•		•	
	•		•	•		•			•		•		•	•	
•			•	•			•		•		•		•		•
	•	•		•			•	•			•	•			•
•		•			•		•		•		•	•			•
	•		•		•		•	•			•		•	•	
	•	•			•		•	•			•	•			•
•		•			•		•		•		•	•			•
	•		•		•	•			•		•		•	•	
	•		•	•			•	•		•			•	•	
	•		•		•	•		•			•	•			•
•			•		•		•		•		•	•		•	
	•	•			•		•	•		•			•	•	
	•		•	•			•		•	•			•		•
	•	•		•			•		•		•		•		•
	•	•		•		•		•		•		•			•
•			•		•		•		•	•			•		•
•		•		•			•	•		•		•			•
	•	•		•			•	•		•		•			•
•			•	•		•		•			•		•	•	
	•		•		•	•		•		•			•	•	
	•		•		•	•			•	•		•			•
•		•			•	•			•		•	•		•	
	•		•	•			•	•		•		•			•
	•		•		•	•		•			•		•	•	
•		•			•	•			•	•		•			•
•			•		•		•		•		•	•			•
•		•		•		•			•		•		•		•
•		•		•		•		•		•			•	•	
	•	•			•		•		•	•		•		•	
	•		•		•	•			•		•	•			•
	•	•			•	•		•		•			•		•
•		•		•			•	•			•		•		•
	•	•		•			•		•		•		•		•
	•	•			•	•			•	•			•	•	
•		•			•	•		•		•			•	•	
•			•		•		•		•		•	•			•
•		•		•		•			•	•			•		•
•		•		•			•	•		•			•	•	
	•	•		•			•		•	•			•		•
•		•		•		•			•		•		•	•	
•		•			•	•			•	•			•		•
•			•	•		•		•		•			•	•	
•		•		•			•	•			•	•			•

N	R	C	I	N	R	C	I	N	R	C	I	N	R	C	I

N	R	C	I	N	R	C	I	N	R	C	I	N	R	C	I
	•	•		•		•			•	•			•	•	
•			•		•	•		∘		•		•		•	
	•	•		∘		•		∘			•		•	•	
•			•		•	•			•		•	•		•	
•		•			•		•	•		•		•			•
•		•			•	•		•		•		•		•	
•		•		•			∘		•		•		•	•	
	•	•			•	•			•	•			•	•	
•			•		•	∘			•		•		•		∘
•		•		•			•		•	•		•		•	
	•		∘		∘		∘		•		•	•			•
	•		•		•		•	•		•		•			•
•			•		•	•		•			•		•		•
	•		•	•		•			•	•			•	•	
	•		•		•	•			•	•		•		•	
•		•			•	•			•		•	•			•
	∘	•		•			•	•		•		•		•	
	•		•	•			•	•			•		•		•
•			•		•		•	•		•		•		•	
	•		•	•		•			•	•		•		•	
•		•		•		•			∘		∘	•		∘	
•		•			•		•	•		•		•		•	
•			•	•			•		∘	•		•			•
•		•		•		•			•	•			•		•
	•		•	•			•	•		•		•		•	
	•		•		•		•	•		∘		•			•
	•	•			•		•	∘		•			•		•
•			•		•		•	•		•			•		•
•		•			•	•		•			•		•		•
•			•	•		•			•		•		•	•	
•		•		•			•		•		•		•	•	
	•	•			•	•		•			•		•		•
•		•			•	•			•		•		•		•
	•		•	•		•			•		•	•			•
•		•			•	•			•		•	•			•
	•	•		•		•		•			•		•	•	
•		•		•			•	•		•		•			•
	•	•		•			•		•	•			•	•	
•			•		•	•			•	•			•	•	
	•		•		•		•	•			•	•			•
	•		•	•			•		•		•		•		•
•			•		•		•	•			•		•		•
•		•		•		•			•		•		•	•	
•		•		•			•	•		•		•		•	
	•	•		•			•		•	•			•		•
•			•	•			•	•		•		•			•
	•		•		•	•		•		•			•		•
	•		•		•		•	•		•		•			•
	•		•	•			•		•		•		•	•	
•		•		•		∘		•		•		•			•
	•		•	∘		∘			•	•			•		•
•		•			∘	•			•	∘			•		•
•		•			•		•	∘		•		•			•
	•		•	•			•	•			•		∘		•
•		•			•	∘		•		•		•			•
	•	•		•		•		•		•			•	•	
•		•		•			•		•		•	•			•
	•		•	∘		•			•		•	•			•
	•		•		•		•	•		•		∘		∘	
	•	•		•			•		•	•			•		•

7

N	R	C	I	N	R	C	I	N	R	C	I	N	R	C	I

N	R	C	I	N	R	C	I	N	R	C	I	N	R	C	I
•			•	•		•			•		•		•	•	
	•	•		•			•	•		•		•		•	
•		•			•	•			•		•	•		•	
	•		•	•			•	•		•		•			•
	•	•			•		•	•		•			•	•	
	•		•		•		•		•	•			∘		•
	•		∘	•		•		•			•	•			•
	•	•			•		•		•		•		•		•
•		•			•	•			•		•	•		•	
	•		•		•		•	•			•		•	•	
•		•		•			•		•		•		•		•
	•	•		•		•			•		•	•			•
•			•	•		•			•	•			•		•
	•	•		•			•		•	•			•		•
	•		•		•	•		•			•	•			•
	•	•			•		•	•		•			•		•
•		•		•			•		•	•			•		•
	•	•			•		•		•	•			•	∘	
•			•	•			•	•			•	•		•	
•			•		•	•		•			•		•	•	
•			•		•		•		•	•		•			•
•		•			•		•	•		•		•		•	
	•		•		•		∘		•	•			•	•	
•		•			•	•		•			•		•	•	
	•		•		•	•		•			•		•		•
	•		•	•			•	•			•		•	•	
	•	•		•			•		•		•		•		•
•			•		•		•	•			•	•			•
	•	•			•	•		•		∘			•		•
	•	•		•			•	∘		•			•		•
•			•		•	•		•		•			•		•
	•	•		•			•		•		•		•	•	
•		•		•		•		•			•	•		•	
•			•		•		•		∘	∘		∘			•
	•		•	•			•	•		∘		•		•	
•			•	•		•			•	•			•		•
•			•		•	•			∘		•		•	•	
	•		•		•	•		•			•		•		•
	•		•		•	•		•			•	•		•	
	•	•		•		•			∘		•	•			•
•			•		•	•		•			•	•			•
	•	•		•			•	•		•		•			•
•			•		•	•			•		•	•		•	
•		•			•		•		•		•	•			•
•		•			•		•	•		•		•		•	
•		•		•		•		•			•	•		•	
•			•		•	•			•		•		•	•	
•			•	•			•		•	•			•		•
•		•			•		•		•		•		•	•	
•		•		•		•		•			•		•	•	
•			•		•		•	•		•		•			•
	•		•		•		•	•			•		•	•	
	•		•	•			•		•	•		•			•
•		•		•			•	•		•		•			•
•			•		•		•		•	•		•			•
•		•			•	•		•		•		•		•	
	•		•	•			•		∘	•			•		•
•		•			•		•		•		•	•		•	
•		•		•	•	∘		•		•			•	•	
•			•	•		•			•		•		•	•	

N	R	C	I	N	R	C	I	N	R	C	I	N	R	C	I

N	R	C	I	N	R	C	I	N	R	C	I	N	R	C	I
•		•			•	•			•	•		•			•
•			•		•	•			•	•		•			•
•		•	•	•			•	•		•			•		•
•			•	•			•		•		•	•		•	
	•	•		•		•			•		•	•			•
•			•	•		•		•		•			•	•	
•			•		•		•	•			•		•	•	
	•		•		•	•		•		•			•		•
•			•	•			•	•		•			•		•
	•		•	•		•			•	•			•	•	
	•	•		•		•		•			•		•	•	
	•		•	•		•		•		•		•		•	
•			•		•	•			•		•		•	•	
	•		•		•	•			•		•		•		•
•		•			•	•		•		•		•		•	
	•	•			•	•			•		•	•			•
•			•		•		•		•	•			•		•
•			•		•		•	•		•			•		•
•			•		•		•	•		•			•		•
	•	•			•	•			•		•		•	•	
•		•			•	•			•		•	•		•	
	•		•		•		•		•		•		•	•	
•			•	•			•	•		•			•	•	
•			•	•			•		•	•			•	•	
•		•		•			•	•		•			•		•
•			•		•		•	•		•			•	•	
•			•		•		•	•		•			•		•
•	•	•		•		•			•		•	•		•	
	•		•		•	•			•	•			•	•	
•			•		•	•			•		•	•			•
•		•			•	•			•		•		•	•	
	•		•	•		•		•			•	•		•	
	•	•			•	•		•		•		•			•
	•		•		•	•			•		•		•	•	
	•		•	•			•	•		•		•			•
	•	•			•		•		•	•		•			•
•			•	•			•	•		•			•		•
	•	•			•		•		•		•	•		•	
	•	•			•		•		•		•	•		•	
•			•		•		•	•			•	•		•	
	•	•			•	•		•			•		•		•
	•		•	•			•		•		•	•		•	
	•	•		•			•	•			•	•		•	
	•		•		•	•		•			•	•		•	
	•		•	•			•	•		•			•		•
•		•		•			•		•		•	•		•	
•		•			•	•		•		•		•		•	
	•		•		•	•			•		•		•	•	
	•	•			•	•		•		•			•	•	
	•		•		•	•			•		•		•	•	
•			•	•		•		•			•		•		•
•			•		•	•		•		•			•		•
	•		•	•			•		•	•			•	•	
	•		•		•	•			•	•			•		•
	•	•			•		•		•		•		•		•
	•	•			•	•		•		•		•			•
	•	•		•			•	•		•			•	•	
•			•		•		•	•		•		•		•	
	•		•	•		•		•			•	•			•
•		•			•		•	•			•		•	•	

N	R	C	I	N	R	C	I	N	R	C	I	N	R	C	I

N	R	C	I	N	R	C	I	N	R	C	I	N	R	C	I
	•	•		•		•			•		•		•		•
	•		•	•			•	•		•		•		•	
	•	•			•	•			•	•			•	•	
•			•	•			•		•		•		•		•
	•	•			•		•	•		•		•			•
•		•			•		•	•		•		•			•
•			•	•		•		•		•			•	•	
	•		•		•		•	•			•	•			•
•			•		•	•		•			•		•	•	
	•	•		•			•	•		•		•			•
•			•	•		•		•		•			•		•
	•	•			•		•	•			•	•		•	
	•	•		•			•		•	•		•		•	
	•		•	•			•		•	•		•			•
•			•		•		•	•		•			•	•	
•		•		•		•			•		•		•		•
•		•		•			•	•			•	•		•	
•			•		•	•			•		•		•		•
•		•			•		•	•		•			•	•	
	•		•		•		•	•			•	•			•
	•		•	•			•		•	•		•			•
	•		•		•		•	•			•	•			•
	•		•	•			•	•		•		•			•
•			•		•		•		•		•	•			•
•			•	•			•		•	•		•			•
	•	•		•		•		•		•			•		•
	•	•		•			•	•			•	•			•
	•	•	•		•	•		•		•		•		•	
•			•		•		•	•			•		•		•
	•	•		•		•		•			•		•	•	
•			•		•		•		•	•			•	•	
	•		•		•	•		•		•		•			•
•		•			•	•			•		•		•		•
•		•			•		•	•		•			•		•
•		•	•	•		•			•	•		•		•	
•			•	•		•		•		•			•		•
•		•		•			•	•			•		•	•	
•			•		•	•		•			•		•		•
	•	•			•		•		•		•		•		•
•			•	•			•	•			•	•		•	
	•	•			•		•		•		•	•			•
	•	•			•	•			•	•		•		•	
	•		•	•			•	•		•		•			•
	•		•	•			•	•		•			•	•	
•		•			•		•		•		•		•	•	
•			•		•	•		•			•		•		•
•		•		•		•		•		•		•		•	
•		•			•		•		•		•		•	•	
•		•			•	•			•		•	•			•
	•		•		•	•		•			•		•		•
	•	•			•		•		•		•		•		•
•			•	•			•	•			•	•		•	
	•	•			•		•		•		•	•			•
	•	•			•	•			•	•		•		•	
	•		•	•			•	•		•		•			•
	•		•	•			•	•		•			•	•	
•		•			•		•		•		•		•	•	
•			•		•	•		•			•		•		•
•		•		•		•		•		•		•		•	
•		•			•		•		•		•		•	•	
•		•			•	•			•		•	•			•
	•		•		•		•		•	•			•		•
	•	•		•		•			•	•			•	•	
	•		•	•		•			•		•		•		•
•			•	•			•		•		•	•		•	
•		•			•		•		•	•		•		•	
•			•	•			•	•			•	•			•
•		•		•		•			•		•		•		•
	•		•	•			•		•		•	•			•
	•	•		•		•			•	•		•		•	
	•		•	•			•	•			•		•		•
•		•			•	•			•		•		•		•

N	R	C	I	N	R	C	I	N	R	C	I	N	R	C	I

N	R	C	I	N	R	C	I	N	R	C	I	N	R	C	I

N	R	C	I	N	R	C	I	N	R	C	I	N	R	C	I

N	R	C	I	N	R	C	I	N	R	C	I	N	R	C	I

N	R	C	I	N	R	C	I	N	R	C	I	N	R	C	I

N	R	C	I	N	R	C	I	N	R	C	I	N	R	C	I
•			•		•	•			•	•			•		•
	•		•	•			•	•		•		•			•
	•	•			•	•			•	•		•		•	
•			•		•	•		•		•		•		•	
•			•	•		•		•		•		•		•	
	•		•	•		•			•	•		•		•	
	•		•	•		•			•	•			•		•
•		•			•		•	•		•			•	•	
•		•		•			•		•	•		•		•	
•		•		•			•	•		•			•	•	
	•	•		•			•	•			•	•		•	
	•		•		•	•		•		•		•		•	
	•	•		•		•		•			•	•		•	
•			•	•			•		•	•			•		•
	•	•		•		•		•			•	•			•
	•	•			•	•			•		•	•			•
•			•		•	•		•		•		•		•	
	•	•		•			•	•			•		•	•	
•			•		•		•	•		•			•	•	
	•	•		•		•			•		•	•		•	
	•	•		•			•		•		•		•		•
•		•		•			•	•		•			•		•
•		•		•			•		•		•	•			•
•			•		•		•	•			•	•		•	
	•		•	•		•		•		•		•		•	
•		•		•		•			•	•		•			•
•			•	•		•		•			•		•	•	
	•	•		•		•			•	•		•		•	
	•	•			•		•		•		•		•	•	
	•	•		•			•		•		•		•	•	
•			•		•		•	•		•		•		•	
•			•	•			•		•		•	•		•	
	•	•		•		•		•			•	•		•	
	•		•	•		•			•		•		•		•
	•		•		•	•		•		•		•			•
•		•			•	•		•		•			•		•
	•	•			•	•			•		•		•		•
•		•			•		•	•			•		•		•
•			•		•	•			•	•		•			•
•		•			•	•			•	•		•		•	
	•	•		•		•		•			•	•		•	
	•		•		•	•		•			•	•			•
•			•	•			•		•	•			•		•
•		•		•		•		•			•	•		•	
•			•		•		•	•			•	•			•
•		•		•			•		•	•		•		•	
	•	•		•			•	•			•	•		•	
	•	•			•	•		•			•		•		•
•		•		•		•			•	•			•		•
	•		•	•			•	•			•	•			•
	•		•	•			•		•		•	•		•	
	•	•		•		•			•		•		•		•
•		•		•		•		•		•			•	•	
	•	•			•	•			•		•	•		•	
	•	•		•			•		•	•		•			•
	•		•	•		•			•	•		•			•
	•		•		•		•	•			•		•	•	
•			•	•		•			•	•		•			•
•			•		•	•			•	•			•		•
	•	•			•		•		•	•			•	•	

N	R	C	I	N	R	C	I	N	R	C	I	N	R	C	I

N	R	C	I	N	R	C	I	N	R	C	I	N	R	C	I

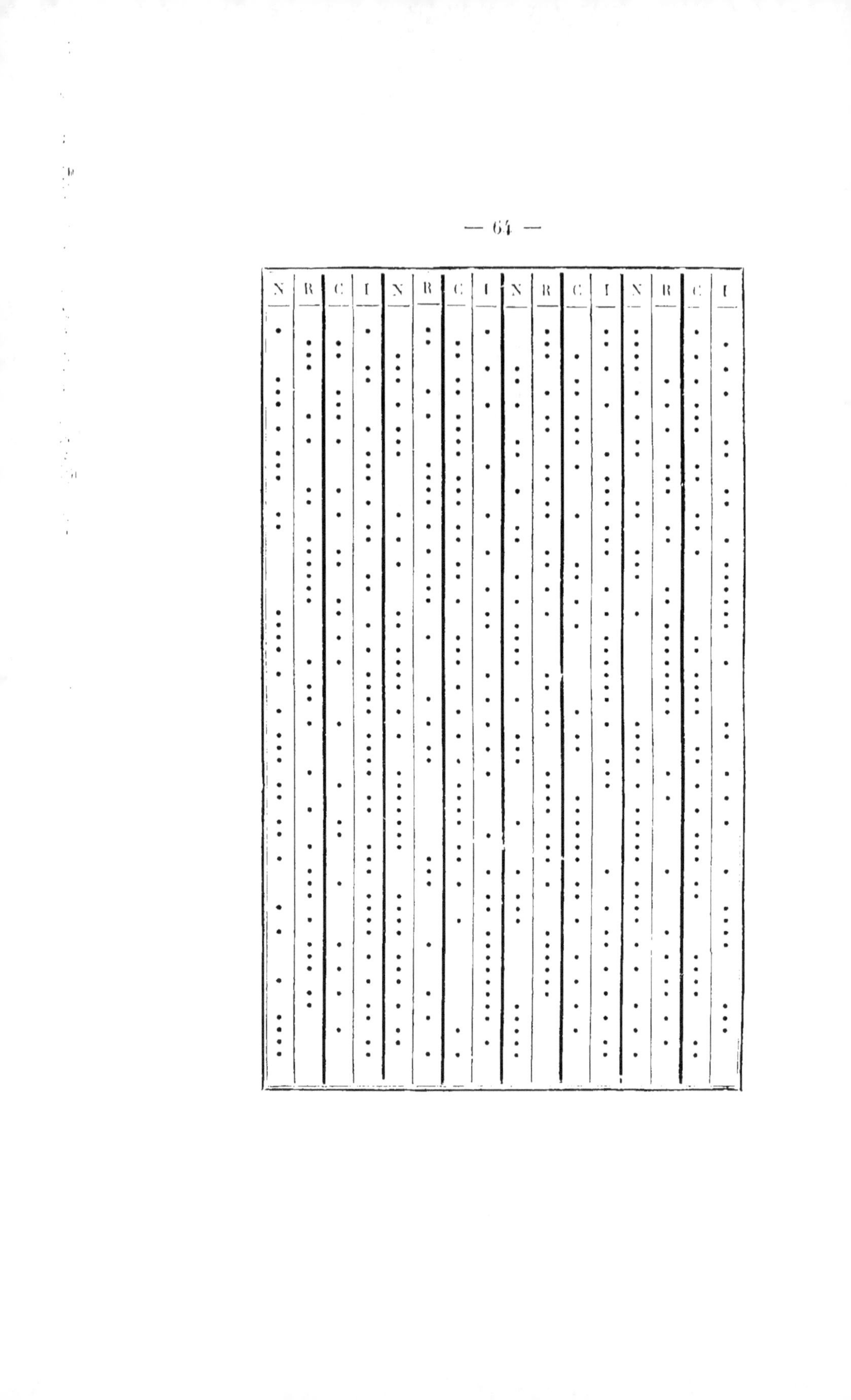

N	R	C	I	N	R	C	I	N	R	C	I	N	R	C	I

N	R	C	I	N	R	C	I	N	R	C	I	N	R	C	I

N	R	C	I	N	R	C	I	N	R	C	I	N	R	C	I

N	R	C	I	N	R	C	I	N	R	C	I	N	R	C	I

N	R	C	I	N	R	C	I	N	R	C	I	N	R	C	I

N	R	C	I	N	R	C	I	N	R	C	I	N	R	C	I
	•		•	•			•	•		•			•		•
	•	•		•		•		•			•	•			•
	•	•			•	•			•	•			•	•	
•			•	•		•			•		•	•			•
	•		•		•		•		•		•	•			•
•		•		•		•		•			•		•	•	
•		•		•		•			•		•	•		•	
•		•		•		•		•		•		•			•
	•		•	•			•		•	•		•		•	
•			•		•	•		•		•			•		•
•			•		•	•			•	•			•		•
	•		•		•	•		•			•	•			•
•		•			•		•		•	•		•		•	
	•	•		•		•			•		•	•		•	
•		•		•		•			•	•		•			•
	•	•			•	•		•		•			•		•
	•		•	•		•		•		•		•			•
	•		•		•	•		•			•	•			•
	•	•			•		•		•		•	•			•
•			•	•			•	•			•	•		•	
	•	•			•		•	•			•	•		•	
•			•	•			•	•			•	•			•
•		•			•		•	•			•	•		•	
•		•			•		•	•			•	•			•
	•	•			•		•	•		•		•		•	
•			•		•		•	•		•		•		•	
•			•		•		•		•	•		•			•
	•		•		•	•			•	•			•		•
	•		•		•		•		•		•	•		•	
•			•	•			•		•		•		•		•
	•	•		•		•		•		•			•		•
•			•	•		•			•	•		•		•	
•			•	•			•	•			•	•			•
	•		•		•		•		•	•		•			•
	•	•		•			•	•		•			•		•
•		•		•		•		•			•	•		•	
•		•		•		•			•	•		•			•
•			•	•			•		•		•	•			•
	•		•	•		•		•			•		•		•
•			•	•			•	•		•		•			•
•		•		•			•	•		•			•		•
•			•		•		•	•			•	•		•	
	•		•		•		•	•			•	•			•
•			•		•	•		•			•	•			•
•			•	•		•		•			•	•			•
•			•	•		•		•			•	•			•
	•		•	•			•		•	•		•			•
•		•			•	•			•		•	•			•
	•		•		•		•		•	•			•	•	
	•	•			•		•		•	•			•		•
•		•			•	•		•			•		•	•	
	•	•		•		•		•		•			•	•	
•		•			•	•			•	•			•		•
•		•		•		•		•			•	•		•	
•			•		•		•	•		•		•			•
•		•			•	•			•	•		•		•	
•			•	•			•		•	•			•	•	
•			•		•	•		•		•		•		•	
	•		•	•			•	•		•			•		•
	•		•	•		•		•			•	•			•

N	R	C	I	N	R	C	I	N	R	C	I	N	R	C	I
	•	•			•		•		•		•	•			•
	•		•	•			•	•			•		•	•	
•			•		•		•	•			•	•			•
	•	•			•		•	•			•		•	•	
	•	•			•		•		•	•			•		•
•		•			•		•		•	•			•	•	
	•	•			•	•		•		•			•	•	
•			•		•	•			•		•	•			•
	•	•			•	•		•		•			•	•	
	•	•			•	•			•	•			•		•
	•		•	•		•		•		•			•		•
	•		•		•	•		•		•			•		•
•		•			•		•	•		•			•	•	
•		•			•		•	•			•		•		•
•			•		•	•		•		•		•			•
•		•		•			•		•	•		•			•
	•		•	•		•		•			•	•		•	
•			•	•		•			•		•		•	•	
•			•	•		•		•		•		•			•
•		•		•		•			•	•		•		•	
•		•			•	•		•		•		•			•
	•		•	•		•		•			•		•	•	
	•	•		•		•			•	•		•		•	
•		•			•		•	•		•			•	•	
•		•		•			•		•		•		•	•	
	•	•		•		•			•	•		•			•
	•		•		•		•		•	•		•		•	
•			•	•		•			•		•		•		•
•		•		•			•	•			•	•			•
•			•		•	•		•		•		•		•	
•			•	•		•		•			•	•			•
	•	•		•			•	•		•		•		•	
	•	•			•		•	•			•		•		•
	•		•		•		•	•		•			•	•	
•		•		•		•			•		•		•	•	
•		•		•		•			•	•			•		•
	•		•		•		•	•			•	•			•
	•	•		•			•		•	•			•		•
	•		•	•			•		•		•		•	•	
	•		•	•		•			•		•		•		•
•			•		•		•		•	•		•		•	
•			•		•		•	•		•		•		•	
	•		•		•		•	•		•		•		•	
	•		•		•	•		•			•		•	•	
•			•	•		•		•			•	•			•
	•	•			•	•			•		•		•		•
	•	•		•			•		•		•		•	•	
	•	•		•			•	•		•		•			•
	•		•		•		•	•		•			•		•
•		•		•		•			•		•	•			•
	•		•		•		•	•			•	•		•	
	•		•	•			•	•		•			•	•	
	•		•		•	•		•			•		•		•
•		•			•		•		•	•		•			•
	•	•		•		•		•			•		•		•
•		•			•		•	•		•			•	•	
	•		•	•			•		•		•		•		•
	•	•			•	•			•		•	•		•	
	•	•			•		•	•			•		•	•	
•			•		•		•	•			•	•			•

N	B	C	I	N	B	C	I	N	B	C	I	N	B	C	I
•		•			•	•		•		•		•			•
•		•		•		•		•			•		•		•
•		•		•		•			•	•		•			•
	•		•		•		•	•		•		•			•
•			•	•			•	•		•			•	•	
•		•			•	•			•	•			•	•	
•		•		•		•		•			•		•	•	
•		•		•		•			•	•		•			•
•		•		•		•		•			•		•		•
	•	•			•	•		•		•		•			•
•			•	•		•		•		•			•		•
	•	•		•			•		•		•	•			•
	•		•		•	•			•		•		•	•	
•			•	•			•		•		•	•			•
	•		•	•			•		•	•		•		•	
	•	•		•		•			•		•	•			•
•		•			•	•			•	•			•		•
•		•		•			•		•	•			•		•
•		•			•		•	•		•		•			•
	•	•		•		•		•			•		•		•
	•		•	•			•	•		•			•		•
•			•		•	•		•		•		•		•	
	•		•		•		•	•		•		•			•
•		•		•			•	•			•	•		•	
•			•		•	•		•			•	•		•	
	•	•			•	•			•		•	•		•	
	•	•			•		•	•			•	•			•
•			•		•		•	•		•		•		•	
•			•		•		•	•		•		•			•
•			•	•		•			•		•	•		•	
	•		•	•		•			•	•			•		•
•		•			•		•		•	•		•			•
•		•			•	•			•		•		•	•	
	•		•	•			•		•	•			•	•	
•		•			•	•		•		•			•	•	
	•	•		•			•		•		•	•			•
•		•		•			•	•		•			•	•	
•		•		•		•			•		•	•			•
•			•	•			•	•			•	•			•
•			•	•		•			•		•	•			•
	•		•		•	•		•			•		•	•	
	•	•			•	•			•		•		•		•
•			•		•	•		•			•	•			•
•			•		•	•		•		•			•		•
•			•		•	•		•		•			•	•	
•			•	•		•			•		•	•			•
	•	•		•			•		•	•			•		•
•			•	•			•	•			•		•		•
	•		•		•		•	•			•	•		•	
	•		•		•		•	•			•	•		•	
•		•		•		•		•		•			•	•	
•		•			•		•		•		•		•		•
•		•			•		•	•		•			•		•
•		•			•	•			•		•	•		•	
	•	•		•			•	•		•		•		•	
•			•		•		•		•	•			•		•
•			•	•			•	•			•	•			•
	•		•		•	•			•		•		•	•	
•		•		•			•	•			•		•		•
	•		•	•			•	•		•		•			•

N	B	C	I	N	B	C	I	N	B	C	I	N	B	C	I
	•	•			•		•		•	•		•			•
•			•		•		•		•		•		•	•	
	•		•	•			•	•		•			•		•
	•	•		•		•			•	•		•		•	
	•		•	•		•		•		•		•			•
	•		•	•			•	•			•	•			•
	•		•	•		•		•			•	•		•	
•			•		•		•	•		•		•			•
•		•			•	•			•	•		•			•
•			•		•	•			•		•	•		•	
	•		•	•		•		•			•	•			•
•			•		•		•		•	•			•	•	
•		•			•	•			•		•	•		•	
•			•	•		•			•	•			•		•
•		•			•	•			•	•		•		•	
	•		•		•	•		•			•		•		•
•		•		•			•		•	•			•	•	
	•		•		•	•			•	•		•		•	
	•	•		•		•			•	•			•		•
	•		•		•	•		•			•	•			•
•			•	•			•	•		•			•	•	
•		•		•			•	•			•		•		•
•			•		•	•		•		•		•			•
•		•		•			•		•		•	•		•	
	•	•		•		•		•		•			•		•
	•		•	•		•		•		•		•			•
	•	•		•			•	•			•		•	•	
•		•			•		•	•			•		•		•
•		•			•	•		•		•			•		•
	•	•			•		•		•	•		•		•	
	•	•		•		•			•		•	•		•	
	•		•	•		•		•			•	•			•
	•	•		•		•		•		•			•		•
•			•	•		•		•		•			•		•
•			•		•	•			•		•	•			•
	•	•		•		•		•			•		•		•
	•		•		•	•		•			•		•		•
•		•			•	•			•	•		•		•	
•		•		•		•		•			•		•	•	
•		•		•		•			•	•			•		•
•			•		•	•			•	•		•		•	
•			•		•		•	•			•	•		•	
•			•		•	•			•		•		•		•
	•	•		•		•		•		•		•		•	
	•		•		•	•		•			•	•		•	
•		•			•	•		•		•		•		•	
•		•		•		•			•	•		•		•	
	•		•	•		•			•		•		•		•
	•		•		•	•			•	•		•		•	
•		•			•	•			•		•		•		•
	•		•	•			•	•			•	•		•	
•			•		•		•		•	•			•		•
•			•	•			•	•			•		•	•	
	•	•			•		•	•			•		•		•
•			•	•			•	•		•		•		•	
	•	•		•			•		•	•			•	•	
	•	•			•	•			•		•	•		•	
	•		•	•		•		•		•		•		•	
•			•	•		•		•		•		•			•
	•		•		•		•	•		•			•	•	

N	R	C	I	N	R	C	I	N	R	C	I	N	R	C	I

N	R	C	I	N	R	C	I	N	R	C	I	N	R	C	I

N	R	C	I	N	R	C	I	N	R	C	I	N	R	C	I

N	R	C	I	N	R	C	I	N	R	C	I	N	R	C	I

N	R	C	I	N	R	C	I	N	R	C	I	N	R	C	I
•			•		•		•		•		•		•		•
	•		•		•	•			•	•		•		•	
	•		•		•		•		•		•		•	•	
•		•		•			•	•			•		•		•
•			•	•		•		•		•		•		•	
•		•		•		•			•	•		•		•	
•			•	•			•	•		•		•		•	
	•		•	•		•			•	•			•		•
•			•	•		•			•		•	•			•
•		•		•			•	•			•	•		•	
•		•		•		•		•		•		•		•	
•		•		•		•		•			•	•		•	
•			•	•			•	•			•	•		•	
	•	•			•		•	•			•		•	•	
	•		•		•		•		•		•	•			•
	•		•		•		•	•		•			•		•
	•	•			•	•			•		•		•		•
•			•		•		•	•		•		•		•	
	•		•		•	•			•	•			•	•	
	•	•		•			•	•			•		•		•
•		•		•			•		•		•		•		•
	•	•		•		•		•			•		•	•	
•		•			•	•		•			•		•		•
	•	•		•			•		•	•		•		•	
	•	•			•	•			•		•		•	•	
•		•		•			•		•		•		•	•	
•		•			•	•			•	•			•		•
	•		•	•		•			•		•		•	•	
	•		•	•			•	•			•	•		•	
	•		•	•		•		•			•	•			•
	•	•			•	•			•		•		•	•	
	•	•		•			•	•		•			•		•
•		•			•		•	•		•			•	•	
	•	•			•		•		•	•			•		•
•		•			•	•			•	•		•		•	
	•	•		•		•		•		•			•		•
•		•		•		•			•		•	•		•	
	•		•	•			•		•	•			•	•	
•		•			•	•		•		•		•			•
•			•		•		•		•	•			•	•	
	•	•			•	•		•			•		•	•	
	•	•			•		•	•		•			•	•	
	•	•			•		•		•	•		•			•
	•	•		•		•		•			•		•	•	
•			•	•			•	•			•		•		•
•			•		•		•	•		•			•	•	
	•	•		•			•	•		•			•	•	
•		•			•	•			•	•		•			•
	•	•			•		•	•			•	•			•
•		•		•		•		•		•			•		•
	•		•		•	•			•		•		•	•	
	•	•		•			•		•		•		•	•	
•		•		•		•			•		•		•	•	
•		•			•		•	•			•		•	•	
•			•		•	•			•	•		•			•
	•		•		•	•			•		•	•		•	
	•	•		•		•		•		•			•	•	
	•		•		•		•		•		•		•		•
	•		•		•	•		•			•	•			•
•			•	•		•			•		•	•		•	

N	R	C	I	N	R	C	I	N	R	C	I	N	R	C	I

N	R	C	I	N	R	C	I	N	R	C	I	N	R	C	I

N	B	C	I	N	B	C	I	N	B	C	I	N	B	C	I

N	R	C	I	N	R	C	I	N	R	C	I	N	R	C	I

N	R	C	I	N	R	C	I	N	R	C	I	N	R	C	I
	•	•			•	•			•		•	•		•	
	•	•			•	•			•		•		•		•
•		•		•		•			•	•			•	•	
	•	•		•			•	•		•		•		•	
•			•	•			•		•		•		•	•	
	•		•		•	•			•	•			•	•	
	•	•		•		•			•		•		•	•	
	•		•	•			•		•	•		•		•	
	•	•		•			•		•	•		•		•	
•			•	•			•		•		•		•	•	
	•		•		•		•		•		•	•		•	
	•		•	•		•			•	•			•	•	
	•	•			•	•			•	•			•	•	
•		•		•		•		•		•		•		•	
	•		•	•			•		•	•		•			•
	•		•		•	•			•		•	•			•
	•	•			•		•		•	•			•	•	
•		•			•		•		•		•	•			•
•		•		•		•		•		•			•	•	
•		•		•		•		•			•	•			•
•			•	•		•		•			•		•		•
	•		•	•		•		•			•	•			•
	•	•			•		•		•		•	•		•	
	•		•		•		•	•			•		•		•
•		•			•		•	•		•			•	•	
	•	•		•			•		•		•	•		•	
	•		•		•		•		•		•		•		•
•		•			•	•		•			•		•	•	
	•	•		•		•		•			•		•	•	
	•		•		•		•		•		•	•		•	
•			•		•	•		•			•	•		•	
•		•			•		•	•			•		•	•	
•			•		•		•	•			•		•	•	
•			•	•		•			•		•		•	•	
•		•		•			•		•		•	•		•	
	•		•	•		•		•		•		•			•
	•		•		•	•		•			•		•	•	
	•	•			•	•		•		•			•		•
•		•			•	•			•		•		•	•	
•			•		•		•	•		•		•		•	
•		•		•		•			•		•		•		•
•			•	•		•			•		•	•		•	
•			•	•		•			•		•		•		•
•			•		•		•		•		•	•			•
•			•		•	•			•		•	•		•	
	•	•			•		•		•		•	•		•	
	•		•	•		•		•		•			•		•
	•	•		•			•		•		•		•	•	
•			•		•	•			•		•		•		•
•		•		•			•	•			•		•		•
	•	•		•		•			•		•	•		•	
	•		•	•		•			•		•		•		•
	•	•			•		•	•		•		•			•
•			•	•		•			•		•	•			•
	•	•		•			•	•		•		•		•	
	•		•	•			•	•		•			•		•
	•		•		•	•		•		•			•	•	
	•		•		•		•		•		•		•	•	
•		•			•		•		•	•		•		•	
	•	•			•	•			•		•	•			•

N	R	C	I	N	R	C	I	N	R	C	I	N	R	C	I

N	R	C	I	N	R	C	I	N	R	C	I	N	R	C	I

N	R	C	I	N	R	C	I	N	R	C	I	N	R	C	I
•			•		•	•			•	•		•			•
•			•		•		•		•	•			•		•
	•		•	•		•		•			•	•		•	
•		•		•			•		•	•			•		•
	•		•		•		•	•			•	•			•
	•		•	•		•		•		•			•		•
	•		•		•		•	•		•			•	•	
	•		•		•	•		•		•			•		•
•			•		•	•		•		•			•		•
	•	•			•		•	•			•	•			•
•		•		•			•		•	•		•			•
•			•		•	•		•			•	•			•
•			•		•	•			•		•	•		•	
	•	•			•		•		•		•	•		•	
	•	•			•	•		•			•	•			•
	•	•		•			•		•	•		•			•
•		•			•	•			•	•		•		•	
	•		•	•			•	•		•			•		•
	•	•		•			•		•	•		•			•
•			•		•	•		•		•		•		•	
	•	•		•			•		•	•		•		•	
•			•	•		•		•		•		•		•	
•		•			•	•		•			•		•		•
•		•		•		•		•		•			•	•	
	•		•	•			•	•			•	•		•	
	•		•	•		•			•	•		•		•	
	•	•		•		•		•			•		•	•	
•			•		•	•			•	•		•			•
•			•	•			•		•	•			•		•
•		•		•		•			•		•		•	•	
	•		•	•			•		•		•		•	•	
•		•			•		•	•			•	•			•
	•		•		•	•		•		•		•			•
	•		•		•	•		•		•			•	•	
•		•		•			•	•			•		•		•
•		•			•	•			•	•			•		•
•		•		•			•		•	•		•			•
	•	•		•			•		•		•	•		•	
	•	•			•	•		•			•		•		•
•			•		•	•			•		•		•		•
•			•		•		•	•		•		•			•
•			•	•		•			•	•			•	•	
•			•		•		•	•			•	•			•
	•		•	•			•		•	•			•	•	
	•		•		•		•	•		•			•	•	
•		•		•		•			•	•		•			•
	•		•		•	•			•		•	•			•
	•		•	•		•			•	•		•		•	
	•		•	•		•		•		•		•			•
	•	•		•			•	•			•		•	•	
	•		•		•		•		•	•		•			•
	•		•	•		•			•	•			•		•
•		•		•		•			•		•	•			•
•		•		•		•			•		•	•		•	
	•		•	•		•		•			•		•	•	
•		•			•	•		•			•		•	•	
•			•	•			•	•			•		•	•	
	•	•			•	•		•			•		•		•
	•		•	•			•		•		•	•			•
	•	•		•			•		•		•		•		•

N	R	C	I	N	R	C	I	N	R	C	I	N	R	C	I

N	R	C	I	N	R	C	I	N	R	C	I	N	R	C	I

N	R	C	I	N	R	C	I	N	R	C	I	N	R	C	I

N	B	C	I	N	B	C	I	N	B	C	I	N	B	C	I

N	R	C	I	N	R	C	I	N	R	C	I	N	R	C	I

N	R	C	I	N	R	C	I	N	R	C	I	N	R	C	I

N	R	C	I	N	R	C	I	N	R	C	I	N	R	C	I

N	B	C	I	N	B	C	I	N	B	C	I	N	B	C	I
	•		•	•		•		•		•		•			•
	•		•	•		•			•	•			•	•	
	•		•		•	•			•		•	•		•	
	•		•		•		•		•		•	•			•
•			•		•	•			•		•		•	•	
	•		•		•	•		•		•			•	•	
	•		•		•		•	•		•		•		•	
•		•			•	•		•			•	•			•
	•		•		•		•	•			•	•			•
	•	•			•		•	•			•		•		•
•			•		•	•		•		•			•	•	
	•		•	•		•		•		•		•			•
•		•			•	•		•		•			•	•	
	•	•			•		•		•		•	•		•	
	•	•		•			•	•		•			•	•	
•			•	•		•			•	•		•		•	
•		•		•			•	•			•	•			•
•			•		•	•		•		•		•			•
	•	•		•			•	•			•		•	•	
•		•			•	•		•		•			•	•	
•			•	•		•			•		•		•		•
•		•			•		•		•		•		•	•	
•		•		•		•			•	•			•	•	
	•	•		•		•		•			•	•		•	
•			•	•			•		•		•		•	•	
	•	•			•	•			•		•		•		•
•			•		•		•		•		•		•		•
•			•	•			•		•		•	•		•	
•			•		•		•		•		•	•		•	
	•		•	•			•		•	•			•	•	
	•	•			•		•		•		•	•			•
•		•		•		•			•		•		•		•
	•		•	•			•		•	•			•	•	
	•		•		•	•		•			•		•	•	
•		•		•		•		•			•	•			•
	•		•		•		•	•			•		•	•	
•			•	•		•		•			•		•	•	
•			•		•		•		•		•		•		•
	•	•			•		•		•		•	•			•
•		•			•	•			•	•		•		•	
	•	•		•			•	•			•	•			•
•			•		•		•		•		•	•			•
	•	•			•		•	•			•	•		•	
	•	•			•	•			•		•		•		•
•			•		•	•		•		•			•	•	
	•	•		•		•			•	•		•		•	
•			•	•			•	•		•			•		•
•			•	•			•	•			•	•			•
	•		•	•			•		•	•			•		•
•		•		•			•		•	•			•		•
	•		•	•			•	•			•		•		•
•			•		•	•		•			•	•			•
•			•	•		•		•			•		•	•	
	•		•		•	•			•		•	•			•
	•		•		•		•		•	•			•		•
	•		•		•		•		•		•		•		•
•		•			•	•		•		•		•		•	
•			•	•			•	•			•	•		•	
•		•			•	•			•		•		•	•	
	•		•		•	•		•			•		•		•

N	R	C	I	N	R	C	I	N	R	C	I	N	R	C	I

N	R	C	I	N	R	C	I	N	R	C	I	N	R	C	I

N	R	C	I	N	R	C	I	N	R	C	I	N	R	C	I

N	R	C	I	N	R	C	I	N	R	C	I	N	R	C	I

N	R	C	I	N	R	C	I	N	R	C	I	N	R	C	I

N	R	C	I	N	R	C	I	N	R	C	I	N	R	C	I

N	B	C	I	N	B	C	I	N	B	C	I	N	B	C	I

N	R	C	I	N	R	C	I	N	R	C	I	N	R	C	I
•		•		•		•		•			•	•			•
•			•		•	•		•			•	•			•
	•		•	•			•		•		•		•	•	
	•	•		•		•		•		•		•			•
	•		•		•		•		•	•			•		•
	•	•		•		•		•		•		•			•
	•		○		○		•		•	•			•	•	
	•		•		•	•			•	•			•		•
	•		•		•	•			•		•		•		•
•		•			•		•	•			•	•			•
•			•		•		•		•	•			•		•
	•	•		•		•		•		•			•		•
•			•	•			•	•		•		•		•	
•			•	•		•			•		•		•		•
	•	•			•		•		•		•	•		•	
•		•			•		•	•		•			•		•
•		•			•	•		•			•		•	•	
	•	•		•			•	•			•	•			•
•			•		•	•			•	•			•	•	
	•		•	•		•		•		•			•		•
	•	•		•			•		•		•		•		•
•		•			•	•		•		•		•		•	
	•		•	•			•		•	•			•	•	
•			•		•		•		•	•		•		•	
•			•		•	•			•	•		•			•
○		•		•			•	•		•			•		•
	•		•		•		•		•		•	•			•
	•	•			•		•	•			•		•	•	
•		•			•		•	•		•			•		•
•			•		•	•		•		•		•			•
•		•			•		•	•		•		•			•
	•		•	•		•		•		•		•		•	
	•	•			•	•			•	•		•			•
•		•			•		•		•		•		•		•
•			•		•		•	•			•	•		•	
•			•		•		•	•			•		•		•
	•	•			•		•		•		•	•		•	
	○	•			•		•		•	•		•			•
	•		•	•		•			•	•			•		•
	•		•	•			•	•		•			•	•	
○		•		•			•	•		•			•		•
	•	•		•		•			•		•		•		•
	○	•			•		•	•			•	•			•
○		•		•		•		•			•	•		•	
○			•		•		•	•		•		•		•	
•			•		•	•			•		•		•	•	
	•		•		•	•			•	•			•		•
	•		•		•		•	•			•	•			•
•		•			•	•		•			•	•			•
○			•		•	•			•	•			•	•	
•		•			•	•		•		•		•		•	
	•	•			•	•			•	•		•		•	
•			•		•	•			•	•			•		•
	•		•	•		•		•		•		•			•
	•		•		•		•	•			•		•	•	
○			•	•		○		•			•	•			•
•			•		○		•		•		•		•		•
	•		○		•	•		•		•		•			•
	•		•		•	•		•			○		•	•	
	○		•		•	•		•		•			•		•

N	R	C	I	N	R	C	I	N	R	C	I	N	R	C	I

N	R	C	I	N	R	C	I	N	R	C	I	N	R	C	I

N	B	C	I	N	B	C	I	N	B	C	I	N	B	C	I

N	R	C	I	N	R	C	I	N	R	C	I	N	R	C	I

N	R	C	I	N	R	C	I	N	R	C	I	N	R	C	I

N	R	C	I	N	R	C	I	N	R	C	I	N	R	C	I

N	R	C	I	N	R	C	I	N	R	C	I	N	R	C	I

N	R	C	I	N	R	C	I	N	R	C	I	N	R	C	I

N	R	C	I	N	R	C	I	N	R	C	I	N	R	C	I

N	R	C	I	N	R	C	I	N	R	C	I	N	R	C	I

N	R	C	I	N	R	C	I	N	R	C	I	N	R	C	I

N	R	C	I	N	R	C	I	N	R	C	I	N	R	C	I
	•		•		•	•		•			•	•			•
•			•	•			•		•		•	•		•	
	•		•		•	•		•			•		•	•	
	•		•	•			•	•		•			•	•	
	•	•			•	•			•		•	•			•
	•		•		•		•	•		•		•			•
•			•		•	•		•			•		•		•
•		•		•		•			•		•	•			•
	•	•			•	•			•		•		•	•	
	•		•	•			•	•		•			•	•	
•		•			•	•			•	•		•		•	
	•		•		•		•	•		•			•		•
	•		•	•			•	•			•		•	•	
•		•			•	•		•			•	•			•
	•	•			•	•			•		•		•		•
•			•		•	•			•	•			•		•
	•	•		•			•	•		•			•		•
•		•		•			•	•			•		•	•	
•			•		•	•		•			•	•			•
•		•			•	•			•	•		•			•
•		•		•			•		•		•		•		•
	•	•		•		•			•	•			•	•	
•		•			•		•	•			•	•		•	
•			•		•		•	•			•	•			•
•		•		•		•		•			•	•			•
	•		•	•			•	•		•		•		•	
•		•		•		•		•			•		•		•
•		•		•		•			•	•		•		•	
•		•		•			•	•		•		•		•	
•		•		•			•	•		•			•		•
	•	•			•		•	•		•			•	•	
•			•	•			•		•	•		•			•
	•		•		•		•		•		•	•			•
	•	•		•			•	•			•	•			•
•		•			•	•		•		•		•			•
	•		•		•		•	•			•		•	•	
•		•		•		•		•		•			•		•
	•		•	•		•			•		•		•		•
•			•		•	•			•		•	•			•
	•		•		•	•		•			•	•		•	
•			•	•			•		•		•	•		•	
•		•			•	•		•			•	•			•
	•		•		•		•	•		•		•			•
	•	•			•		•	•			•	•		•	
	•		•	•		•			•	•			•	•	
	•		•	•			•		•	•			•	•	
	•	•		•		•			•	•			•	•	
•		•		•			•	•		•			•	•	
	•		•	•			•	•			•		•	•	
•		•		•			•	•		•			•		•
•			•		•	•		•			•		•	•	
•			•	•			•	•		•		•		•	
•			•	•		•		•			•		•		•
	•		•		•		•	•		•			•	•	
•		•		•		•			•		•	•			•
	•	•		•			•	•			•		•		•
	•		•		•	•		•		•			•		•
•			•		•	•		•			•	•			•
	•		•	•		•			•	•			•	•	
•		•			•		•	•		•		•			•

N	R	C	I	N	R	C	I	N	R	C	I	N	R	C	I

N	R	C	I	N	R	C	I	N	R	C	I	N	R	C	I

N	R	C	I	N	R	C	I	N	R	C	I	N	R	C	I

N	R	C	I	N	R	C	I	N	R	C	I	N	R	C	I

N	R	C	I	N	R	C	I	N	R	C	I	N	R	C	I

N	R	C	I	N	R	C	I	N	R	C	I	N	R	C	I

N	R	C	I	N	R	C	I	N	R	C	I	N	R	C	I

N	R	C	I	N	R	C	I	N	R	C	I	N	R	C	I

N	R	C	I	N	R	C	I	N	R	C	I	N	R	C	I

N	R	C	I	N	R	C	I	N	R	C	I	N	R	C	I
	•		•	•			•		•	•		•		•	
	•		•		•		•		•		•		•		•
•			•	•		•			•	•			•		•
	•		•		•		•	•		•			•	•	
•			•		•		•		•	•			•	•	
•		•		•		•		•		•	•		•	•	
	•		•	•		•		•			•		•	•	
•			•	•		•		•		•		•		•	
•		•		•		•			•	•		•		•	
	•	•			•	•			•	•			•		•
	•		•		•		•	•		•		•		•	
•		•		•			•	•		•		•			•
•			•		•	•		•		•			•		•
•		•			•	•		•		•			•		•
•		•			•		•	•		•			•	•	
•		•			•		•	•		•		•		•	
	•	•			•	•		•			•	•		•	
	•		•	•			•		•	•			•		•
•		•			•	•		•		•			•	•	
	•	•		•			•	•		•			•		•
	•	•			•	•		•			•	•			•
•			•	•		•			•		•		•		•
	•		•	•		•		•		•			•	•	
	•	•		•		•		•		•			•	•	
•			•	•		•		•			•	•		•	
•		•		•			•	•			•		•	•	
	•	•			•		•		•		•	•		•	
	•	•		•			•	•		•			•	•	
•			•	•			•		•		•		•		•
•			•		•		•		•	•			•		•
•		•		•			•		•	•		•		•	
•			•		•		•	•			•	•			•
•		•			•		•		•		•		•	•	
	•		•	•		•			•	•		•		•	
	•	•			•		•		•		•		•	•	
•			•	•			•	•			•	•		•	
•			•		•	•			•	•		•		•	
	•		•	•			•		•		•	•		•	
	•	•		•		•			•	•		•		•	
•			•		•	•			•	•			•		•
•			•	•			•	•		•	•	•			•
•			•	•		•		•		•			•	•	
	•		•	•		•		•			•		•		•
	•		•		•		•		•		•	•			•
•		•		•			•		•	•		•			•
	•		•	•		•		•			•	•		•	
•			•	•			•		•	•			•		•
	•	•		•			•	•			•	•		•	
•			•	•		•			•	•			•		•
	•		•	•		•		•		•		•		•	
	•		•		•		•		•	•			•		•
•			•	•		•			•		•		•		•
•		•			•	•		•			•	•			•
•			•	•		•		•			•		•	•	
•			•	•			•	•		•		•		•	
•		•			•		•	•		•			•	•	
	•		•	•			•		•	•		•		•	
	•	•			•	•		•		•			•	•	
	•	•			•	•		•		•			•	•	
•			•		•		•	•			•		•		•

N	R	C	I	N	R	C	I	N	R	C	I	N	R	C	I
	•		•	•			•		•		•	•		•	
	•	•			•	•		•			•		•	•	
	•	•			•		•		•	•		•		•	
	•		•	•			•		•	•		•			•
•		•			•		•	•		•			•		•
•			•	•			•		•	•			•	•	
•			•	•		•		•			•	•			•
•			•	•		•			•		•	•		•	
	•		•		•		•	•		•		•			•
	•		•		•		•		•		•		•		•
•			•	•			•		•		•		•	•	
•			•	•			•		•		•		•	•	
•			•	•			•		•		•		•	•	
	•	•		•		•		•		•		•			•
•			•	•			•	•		•			•		•
	•	•		•		•		•			•	•		•	
	•	•		•		•			•	•			•		•
•		•			•	•		•		•		•		•	
	•		•		•		•	•		•		•		•	
	•		•		•	•		•		•			•	•	
	•	•		•		•			•	•		•		•	
•			•		•		•	•			•	•			•
•		•			•	•			•		•	•		•	
	•	•			•	•			•		•		•	•	
•			•		•	•		•		•		•		•	
	•		•	•		•		•		•		•		•	
•		•		•		•		•			•		•	•	
	•		•	•		•		•		•			•	•	
	•	•		•			•		•	•		•		•	
	•		•		•	•			•		•		•	•	
	•		•		•		•	•			•		•	•	
	•	•			•	•		•			•		•	•	
	•		•	•			•	•			•	•			•
•		•			•	•		•			•	•			•
	•	•		•			•		•	•			•	•	
•		•		•			•	•			•	•			•
•		•		•			•		•	•			•		•
•		•			•		•		•	•			•	•	
	•		•	•			•	•			•	•		•	
•		•			•	•			•	•			•		•
	•	•			•		•		•		•		•	•	
•		•			•	•			•		•	•			•
	•		•	•			•		•	•			•		•
•			•	•		•		•			•	•		•	
•			•		•		•	•		•			•	•	
•			•		•	•		•		•			•	•	
•		•		•			•		•	•			•	•	
•		•		•		•		•		•		•			•
	•		•	•		•			•		•	•		•	
•		•		•			•		•	•		•		•	
•		•			•	•			•	•			•	•	
	•	•			•		•	•		•			•	•	
•		•			•		•		•		•	•			•
•		•		•		•			•		•		•		•
	•	•		•		•			•		•	•		•	
	•	•		•			•	•		•			•		•
•			•	•			•		•		•	•		•	
	•		•	•		•		•		•			•		•
	•		•	•			•		•		•		•	•	
	•		•		•	•			•	•			•	•	

N	R	C	I	N	R	C	I	N	R	C	I	N	R	C	I

N	B	C	I	N	B	C	I	N	B	C	I	N	B		I

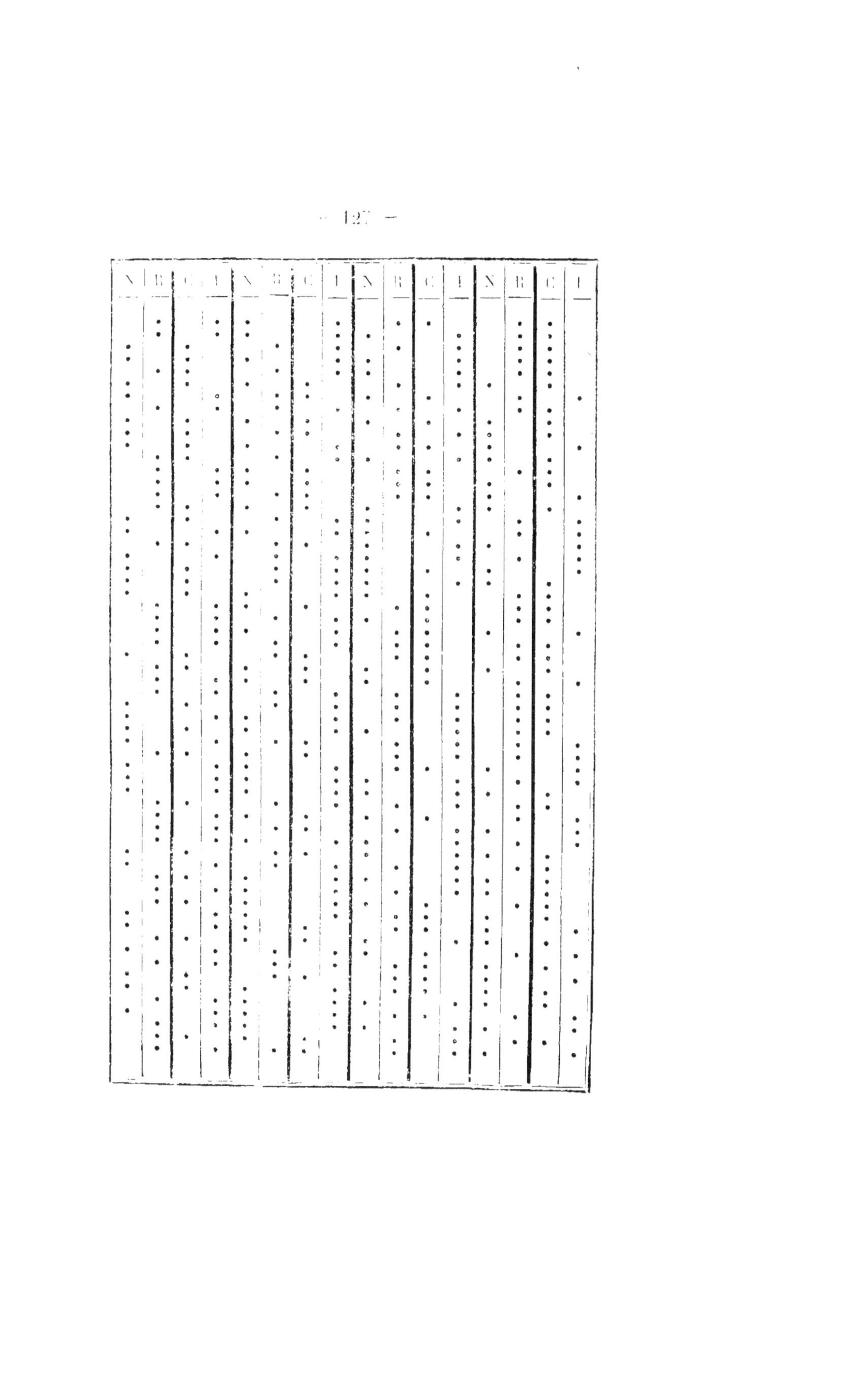

N	R	C	I	N	R	C	I	N	R	C	I	N	R	C	I

N	R	C	I	N	R	C	I	N	R	C	I	N	R	C	I

N	R	C	I	N	R	C	I	N	R	C	I	N	R	C	I

N	R	C	I	N	R	C	I	N	R	C	I	N	R	C	I

N	R	C	I	N	R	C	I	N	R	C	I	N	R	C	I

N	R	C	I	N	R	C	I	N	R	C	I	N	R	C	I

N	R	C	I	N	R	C	I	N	R	C	I	N	R	C	I

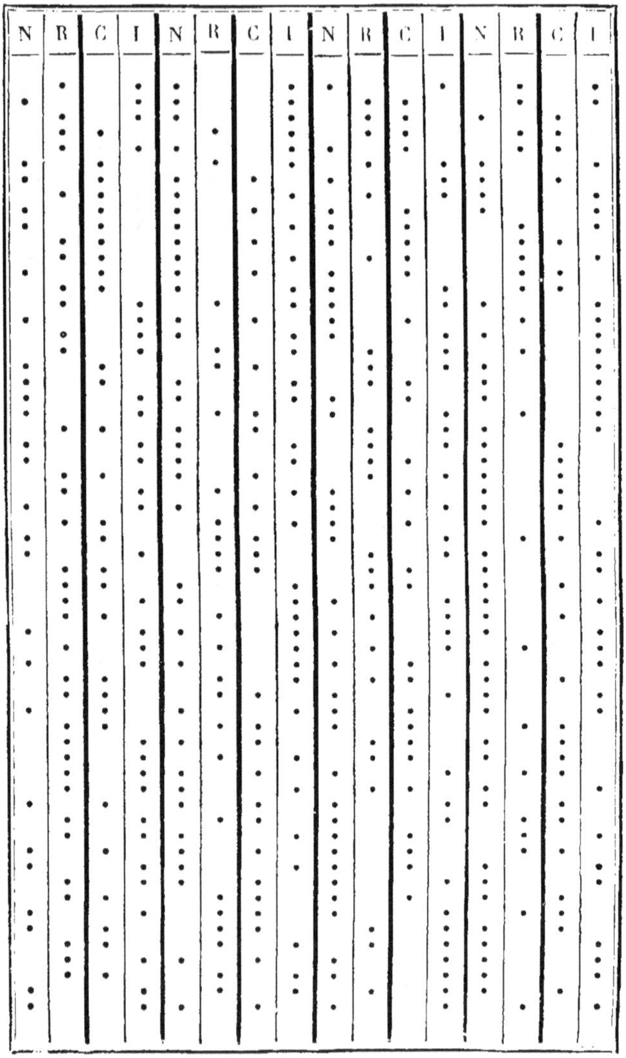

N	R	C	I	N	R	C	I	N	R	C	I	N	R	C	I

N	R	C	I	N	R	C	I	N	R	C	I	N	R	C	I

N	R	C	I	N	R	C	I	N	R	C	I	N	R	C	I

N	R	C	I	N	R	C	I	N	R	C	I	N	R	C	I

N	R	C	I	N	R	C	I	N	R	C	I	N	R	C	I

N	R	C	I	N	R	C	I	N	R	C	I	N	R	C	I

N	R	C	I	N	R	C	I	N	R	C	I	N	R	C	I

N	R	C	I	N	R	C	I	N	R	C	I	N	R	C	I
	•	•			•		•		•	•		•			•
•			•	•			•		•		•	•		•	
•			•	•		•			•		•		•		•
	•		•		•		•	•		•		•		•	
	•		•		•	•		•			•	•			•
	•		•		•	•		•		•			•		•
	•	•			•	•			•	•		•			•
	•		•		•		•		•		•		•	•	
•		•		•			•	•		•			•	•	
•		•		•			•		•	•		•			•
•			•		•		•		•	•			•	•	
	•	•		•		•			•		•	•		•	
•		•		•		•		•			•		•	•	
•		•			•	•			•	•		•			•
•			•		•	•			•	•			•		•
	•		•		•		•	•		•			•	•	
	•		•		•		•		•	•		•		•	
•		•		•		•		•		•			•	•	
•		•		•			•		•	•			•		•
	•	•			•	•		•			•	•			•
•			•	•		•		•			•	•		•	
	•		•		•		•	•		•		•		•	
	•		•	•			•	•		•			•		•
	•	•			•	•		•		•		•		•	
•		•		•			•	•			•	•		•	
	•		•	•			•		•		•	•			•
	•	•		•			•		•		•	•			•
	•		•	•			•	•		•		•		•	
	•	•			•	•			•		•	•			•
•		•			•		•		•	•			•		•
	•	•		•		•			•	•			•		•
	•	•		•			•	•			•	•			•
	•		•		•	•			•		•		•	•	
•		•		•			•	•			•	•			•
•			•		•	•			•	•		•		•	
•		•		•		•			•		•	•			•
•		•		•		•			•		•		•	•	
	•	•		•		•		•			•	•			•
•			•		•	•			•		•	•			•
	•		•	•			•		•		•		•	•	
	•		•	•		•			•	•		•			•
	•	•			•	•			•		•	•			•
	•	•		•		•		•			•		•		•
•		•		•		•		•			•		•		•
	•	•		•		•		•			•	•			•
	•		•		•	•		•		•			•	•	
•			•		•	•		•		•			•		•
•			•	•			•	•			•		•		•
	•		•	•		•			•	•			•		•
	•		•		•	•			•		•		•	•	
•		•			•	•		•			•	•		•	
	•		•	•		•			•	•		•			•
	•		•	•			•		•		•	•		•	
•			•		•	•			•	•		•			•
•		•			•		•	•		•		•			•
	•	•			•		•		•	•		•		•	
•		•		•		•		•		•			•	•	
•			•	•			•		•		•		•		•
	•	•		•		•		•		•			•		•
	•	•		•		•		•			•	•			•

N	R	C	I	N	R	C	I	N	R	C	I	N	R	C	I

N	R	C	I	N	R	C	I	N	R	C	I	N	R	C	I

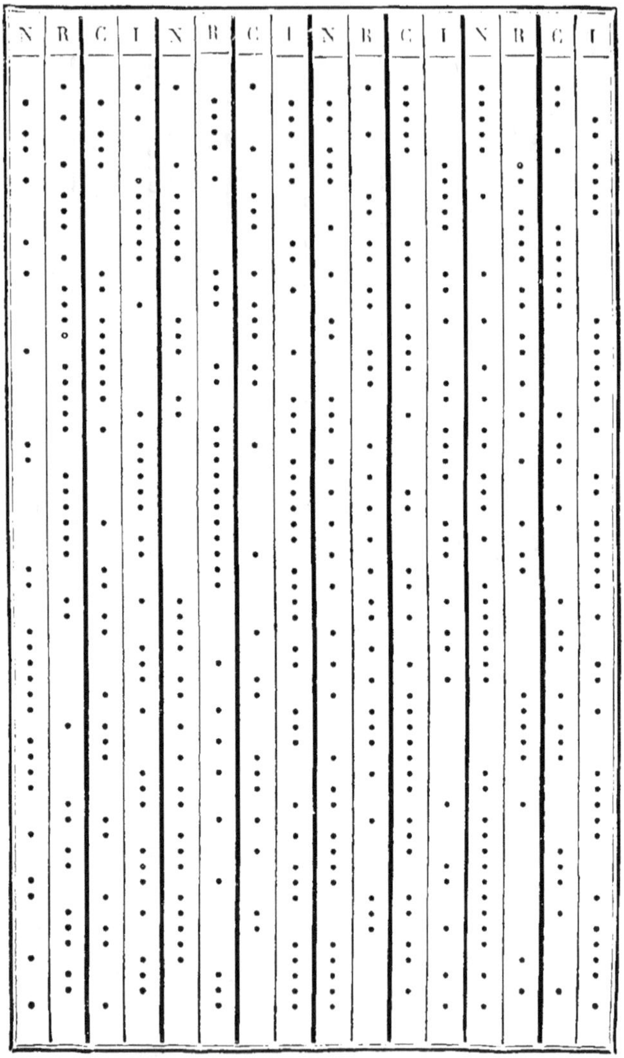

N	R	C	I	N	R	C	I	N	R	C	I	N	R	C	I

N	R	C	I	N	R	C	I	N	R	C	I	N	R	C	I

N	R	C	I	N	R	C	I	N	R	C	I	N	R	C	I

N	R	C	I	N	R	C	I	N	R	C	I	N	R	C	I

N	R	C	I	N	R	C	I	N	R	C	I	N	R	C	I

N	R	C	I	N	R	C	I	N	R	C	I	N	R	C	I
•		•			•	•		•			•	•		•	
	•	•			•	•		•			•	•		•	
	•		•		•		•	•			•	•			•
•		•		•		•			•		•	•		•	
•		•		•		•		•			•		•	•	
	•		•		•	•		•		•		•		•	
	•	•			•		•		•		•		•		•
•			•	•		•		•		•		•		•	
	•		•	•			•		•		•	•		•	
	•		•	•			•		•		•		•		•
	•		•	•			•		•	•			•	•	
	•	•			•		•	•		•		•			•
	•	•		•			•		•	•		•			•
•			•		•	•		•		•			•	•	
	•		•	•		•		•			•		•		•
	•	•			•		•	•			•	•		•	
•			•	•			•		•	•			•	•	
•		•			•		•		•		•	•			•
•			•	•		•		•			•		•	•	
	•		•		•	•			•		•		•		•
•		•		•		•			•	•			•	•	
	•		•	•			•	•			•		•		•
	•	•		•			•		•		•	•			•
	•	•		•		•		•		•		•			•
•		•			•	•			•	•		•			•
•			•		•		•	•		•			•		•
	•		•	•		•			•	•			•	•	
	•		•		•		•	•		•			•	•	
•			•	•			•		•	•		•		•	
	•		•	•			•		•		•	•		•	
	•	•		•			•	•			•	•			•
	•	•			•	•		•		•		•		•	
•		•		•		•			•	•		•		•	
	•	•			•		•		•		•		•	•	
•		•			•	•		•			•		•	•	
	•	•		•			•	•			•		•		•
•		•		•		•			•		•	•		•	
•			•		•	•			•	•		•			•
	•		•		•		•	•			•		•	•	
•			•		•		•	•			•	•			•
•			•		•	•			•		•		•		•
•			•		•		•		•	•			•	•	
•			•	•			•		•	•		•			•
•		•		•			•	•			•		•		•
•			•	•			•		•	•			•	•	
	•		•	•		•		•		•			•	•	
•		•		•		•		•		•		•			•
•			•		•	•		•			•		•	•	
•		•			•		•		•	•			•	•	
	•		•	•			•	•		•			•		•
	•		•	•			•		•		•	•		•	
•			•	•			•		•		•	•		•	
	•		•		•	•		•			•	•		•	
•			•		•	•			•		•		•		•
	•	•			•		•	•		•			•		•
	•		•		•		•	•			•		•		•
	•		•	•		•			•		•		•		•
	•		•	•			•	•		•		•		•	
	•	•			•		•	•		•		•		•	
•		•		•			•		•	•		•			•

N	R	C	I	N	R	C	I	N	R	C	I	N	R	C	I

N	R	C	I	N	R	C	I	N	R	C	I	N	R	C	I

N	B	C	I	N	B	C	I	N	B	C	I	N	B	C	I

N	R	C	I	N	R	C	I	N	R	C	I	N	R	C	I

N	R	C	I	N	R	C	I	N	R	C	I	N	R	C	I

N	R	C	I	N	R	C	I	N	R	C	I	N	R	C	I

N	R	C	I	N	R	C	I	N	R	C	I	N	R	C	I

N	R	C	I	N	R	C	I	N	R	C	I	N	R	C	I

N	R	C	I	N	R	C	I	N	R	C	I	N	R	C	I

N	R	C	I	N	R	C	I	N	R	C	I	N	R	C	I

N	R	C	I	N	R	C	I	N	R	C	I	N	R	C	I

N	R	C	I	N	R	C	I	N	R	C	I	N	R	C	I

N	R	C	I	N	R	C	I	N	R	C	I	N	R	C	I

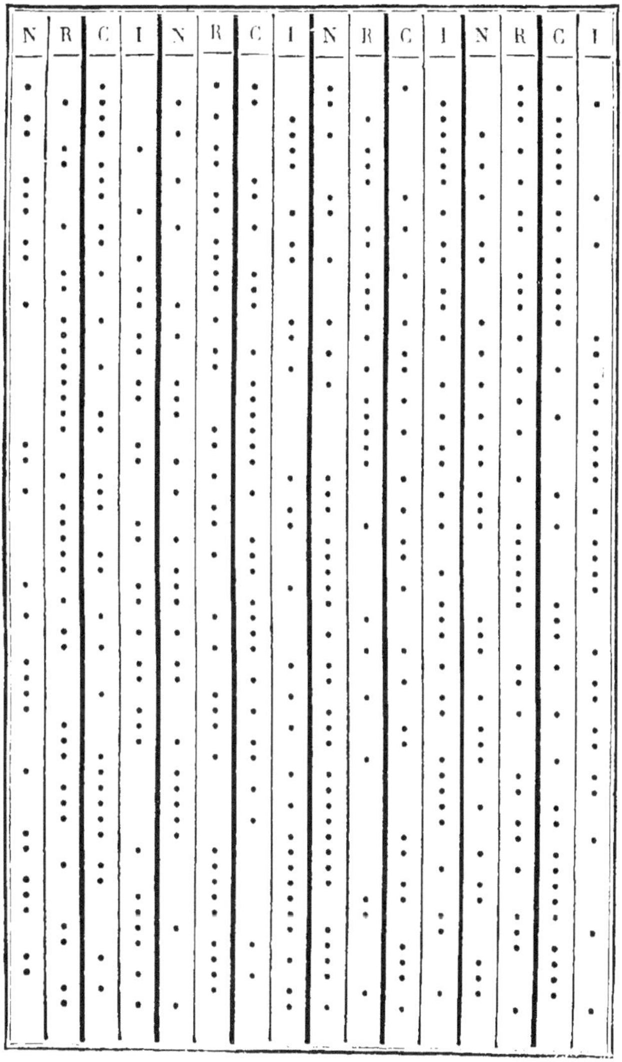

N	R	C	I	N	R	C	I	N	R	C	I	N	R	C	I

N	R	C	I	N	R	C	I	N	R	C	I	N	R	C	I

N	R	C	I	N	R	C	I	N	R	C	I	N	R	C	I

N	R	C	I	N	R	C	I	N	R	C	I	N	R	C	I

N	R	C	I	N	R	C	I	N	R	C	I	N	R	C	I

N	R	C	I	N	R	C	I	N	R	C	I	N	R	C	I

N	R	C	I	N	R	C	I	N	R	C	I	N	R	C	I

N	R	C	I	N	R	C	I	N	R	C	I	N	R	C	I

N	R	C	I	N	R	C	I	N	R	C	I	N	R	C	I

N	R	C	I	N	R	C	I	N	R	C	I	N	R	C	I

N	R	C	I	N	R	C	I	N	R	C	I	N	R	C	I

N	B	C	I	N	B	C	I	N	B	C	I	N	B	C	I

N	R	C	I	N	R	C	I	N	R	C	I	N	R	C	I

N	R	C	I	N	R	C	I	N	R	C	I	N	R	C	I

N	R	C	I	N	R	C	I	N	R	C	I	N	R	C	I

N	R	C	I	N	R	C	I	N	R	C	I	N	R	C	I

N	R	C	I	N	R	C	I	N	R	C	I	N	R	C	I

N	R	C	I	N	R	C	I	N	R	C	I	N	R	C	I

N	R	C	I	N	R	C	I	N	R	C	I	N	R	C	I
	•	•			•		•	•			•	•			•
	•	•			•	•		•		•		•			•
	•		•		•	•		•		•		•			•
•			•	•		•		•			•		•		•
	•		•		•	•		•		•		•		•	
•		•		•		•			•	•		•			•
•			•		•	•		•		•			•	•	
•		•		•			•	•		•			•		•
•			•	•		•		•		•			•	•	
	•	•		•		•		•		•		•		•	
•			•		•		•	•		•			•		•
•		•			•		•		•	•		•			•
	•	•		•			•		•		•	•			•
	•		•	•			•	•			•	•		•	
•			•		•		•		•		•	•		•	
•			•		•		•		•	•		•		•	
•		•			•		•		•	•		•		•	
•			•	•		•		•		•		•		•	
•		•		•		•		•			•		•	•	
•		•		•		•		•			•	•			•
	•	•			•		•		•		•		•	•	
•			•	•			•	•		•			•		•
	•	•			•	•			•	•			•		•
•		•			•		•		•	•		•		•	
	•	•			•		•		•		•		•	•	
•		•		•			•	•			•	•		•	
•		•		•			•		•	•		•			•
•		•			•		•	•		•			•		•
•			•	•		•			•		•	•			•
•			•	•			•	•			•	•		•	
	•		•	•		•			•		•	•		•	
•		•			•	•			•	•			•		•
	•		•	•			•		•	•			•		•
•		•			•		•		•		•	•		•	
	•	•			•		•		•		•	•			•
•		•		•		•			•	•			•		•
	•	•			•	•		•			•	•		•	
•			•	•			•		•	•			•		•
	•		•	•			•		•	•		•			•
	•	•			•	•		•			•		•	•	
•			•		•		•		•	•			•	•	
•			•	•			•	•			•	•		•	
	•		•		•		•		•		•	•			•
•			•	•			•		•	•			•		•
	•		•		•	•		•		•		•			•
	•		•	•		•		•			•	•		•	
	•		•		•	•		•			•	•			•
	•		•		•		•		•	•		•		•	
	•		•		•		•		•	•			•		•
•			•	•			•		•		•		•		•
	•		•		•	•			•		•		•		•
•			•	•		•		•		•		•		•	
	•	•		•		•			•		•	•			•
•			•	•		•			•		•		•		•
•		•			•		•	•			•		•	•	
	•	•		•		•		•			•		•		•
•		•		•		•			•	•		•			•
	•		•	•		•		•		•			•		•
	•	•			•	•			•		•		•	•	
•		•		•		•		•		•		•			•

N	R	C	I	N	R	C	I	N	R	C	I	N	R	C	I

N	R	C	I	N	R	C	I	N	R	C	I	N	R	C	I

N	R	C	I	N	R	C	I	N	R	C	I	N	R	C	I

N	R	C	I	N	R	C	I	N	R	C	I	N	R	C	I

N	R	C	I	N	R	C	I	N	R	C	I	N	R	C	I

N	R	C	I	N	R	C	I	N	R	C	I	N	R	C	I

N	R	C	I	N	R	C	I	N	R	C	I	N	R	C	I

N	R	C	I	N	R	C	I	N	R	C	I	N	R	C	I
	•	•			•	•		•			•		•	•	
	•	•			•		•	•		•		•		•	
•		•		•			•	•		•		•			•
•			•		•		•		•		•	•		•	
•		•		•		•		•		•			•	•	
•			•		•		•	•		•			•	•	
	•	•		•			•		•	•			•		•
	•		•	•			•	•			•		•	•	
•		•		•			•	•		•		•			•
•			•	•			•		•	•			•		•
	•	•			•		•	•		•		•			•
	•		•	•			•		•		•	•		•	
•			•	•		•		•		•			•		•
	•	•		•		•		•		•		•			•
	•	•		•		•		•		•			•	•	
•		•			•	•			•		•	•			•
•		•		•			•		•		•	•		•	
	•	•			•	•		•			•		•	•	
	•	•			•		•	•			•		•		•
	•	•		•		•			•		•		•	•	
	•		•	•			•	•		•			•		•
•			•	•		•			•		•		•	•	
	•	•		•			•	•		•		•		•	
•			•	•			•	•			•	•			•
•		•			•	•			•		•	•			•
•		•			•	•			•		•	•		•	
	•	•		•		•		•		•		•			•
•		•		•		•		•		•			•	•	
•			•		•		•	•			•	•		•	
	•	•			•		•		•	•		•		•	
	•	•			•		•		•	•			•		•
•		•			•		•	•		•		•		•	
•		•		•		•			•	•		•		•	
•		•			•		•		•	•			•	•	
•			•	•			•		•		•	•		•	
•			•	•		•		•		•		•		•	
•			•		•	•		•			•	•		•	
	•	•			•	•			•	•			•		•
•			•		•	•		•			•	•		•	
•			•	•			•		•	•			•		•
•			•		•		•		•	•			•	•	
•		•		•			•	•			•		•	•	
	•		•		•	•			•	•		•			•
•			•	•		•		•			•		•	•	
	•	•		•			•		•		•		•	•	
	•	•			•		•	•			•	•			•
•			•		•		•	•		•		•			•
	•		•		•		•		•	•		•			•
	•		•		•		•	•		•		•			•
	•		•	•			•	•			•		•		•
•			•	•			•		•		•	•			•
	•	•			•	•		•		•		•		•	
•		•			•	•			•	•		•		•	
	•		•		•	•			•	•			•		•
•		•			•		•		•		•		•		•
	•		•		•		•	•		•			•	•	
	•	•		•		•			•		•		•	•	
•			•	•		•			•		•		•		•
•			•	•			•	•		•			•	•	
•		•		•		•			•	•		•			•

N	R	C	I	N	R	C	I	N	R	C	I	N	R	C	I
	•	•		•			•	•			•		•		•
	•		•	•			•		•	•		•			•
•			•		•		•		•	•			•		•
	•	•		•			•		•	•			•		•
	•	•			•		•		•	•			•		•
•		•			•	•		•			•		•	•	
•		•			•	•		•			•	•		•	
	•	•			•		•	•	•		•		•	•	
•		•			•	•			•	•			•	•	
•		•			•		•	•			•	•			•
	•		•		•	•		•			•		•		•
•			•		•		•		•		•	•		•	
	•		•		•	•		•		•			•	•	
•		•			•	•		•		•			•		•
•		•			•	•		•			•		•	•	
•		•			•	•			•	•			•		•
•			•		•	•			•	•			•		•
•		•		•		•			•	•		•			•
•			•		•		•		•		•		•	•	
•			•		•		•	•			•	•			•
•		•			•		•		•	•		•			•
	•		•	•		•		•			•	•			•
•		•			•		•	•			•		•	•	
•		•		•			•		•		•	•			•
•		•		•		•			•		•	•			•
•		•			•		•		•		•		•		•
•		•		•		•			•		•	•			•
•			•	•			•	•			•		•		•
	•	•			•		•	•		•			•		•
•			•		•	•			•	•			•		•
•		•			•	•			•		•		•	•	
	•		•		•		•		•		•	•		•	
	•		•		•		•		•		•		•		•
•			•		•		•	•			•		•		•
•		•			•	•			•		•	•		•	
	•	•			•	•		•		•		•		•	
	•	•			•		•	•		•			•	•	
	•	•		•		•			•	•		•		•	
•		•			•		•		•		•	•			•
•			•		•	•			•		•	•			•
	•	•			•	•			•		•	•		•	
	•		•	•			•		•		•	•		•	
•		•		•		•			•	•		•			•
	•		•		•		•	•			•	•			•
•			•		•		•		•		•	•			•
•			•	•		•			•	•		•			•
•		•		•			•		•		•	•			•
	•		•		•	•			•		•		•	•	
•		•		•			•		•		•		•		•
	•	•			•		•		•	•		•			•
	•	•			•		•	•			•		•		•
•			•	•			•	•		•		•		•	
	•	•		•			•	•		•		•			•
	•	•		•			•		•		•		•	•	
	•	•		•			•	•		•			•		•
	•		•		•	•		•			•		•	•	
	•		•		•		•	•		•		•		•	
•			•		•		•		•	•		•			•
•			•		•		•		•	•			•	•	
	•	•		•		•			•	•		•			•

N	R	C	I	N	R	C	I	N	R	C	I	N	R	C	I

N	B	C	I	N	B	C	I	N	B	C	I	N	B	C	I

N	R	C	I	N	R	C	I	N	R	C	I	N	R	C	I

N	R	C	I	N	R	C	I	N	R	C	I	N	R	C	I

N	R	C	I	N	R	C	I	N	R	C	I	N	R	C	I
	•		•	•		•		•		•		•			•
	•	•			•		•	•			•	•			•
•			•	•			•	•		•			•	•	
•		•		•		•		•		•		•		•	
•			•		•	•			•		•		•		•
•			•		•	•		•		•		•			•
	•	•		•			•		•		•	•			•
	•	•		•			•		•	•			•		•
	•		•		•		•	•		•		•			•
	•	•		•			•	•			•	•		•	
	•	•		•		•		•			•	•			•
	•		•		•		•		•		•		•	•	
•			•	•			•	•			•	•			•
	•		•		•	•			•	•		•			•
•			•		•	•		•			•		•	•	
	•		•	•			•	•			•	•			•
•		•			•	•			•		•		•		•
	•		•	•		•		•			•	•			•
	•	•			•	•			•		•	•			•
•		•			•		•		•	•			•	•	
•			•	•			•		•	•		•		•	
	•	•			•		•		•	•		•			•
•			•	•			•	•			•	•		•	
	•	•			•	•		•		•			•	•	
	•	•		•		•		•		•			•		•
•		•		•			•		•		•	•			•
•		•			•	•		•			•	•		•	
•			•	•		•		•		•		•			•
•		•			•		•	•			•		•		•
•		•			•	•		•		•		•		•	
•		•		•			•		•		•		•		•
	•		•		•		•		•	•			•		•
•			•	•			•	•		•		•			•
	•		•		•		•	•		•		•			•
	•	•		•		•			•		•		•		•
	•		•	•		•		•			•	•		•	
•			•		•	•			•	•		•		•	
•			•		•		•		•	•			•		•
	•		•		•	•			•		•		•		•
•		•		•			•	•		•			•		•
•		•		•			•	•			•	•		•	
•			•	•		•			•	•		•		•	
	•	•		•		•			•		•		•		•
•			•		•	•		•		•		•			•
•		•		•			•	•			•		•	•	
	•		•		•		•		•	•			•		•
•			•	•		•		•		•		•			•
	•	•			•	•		•		•		•		•	
•		•		•			•		•	•			•		•
	•	•			•		•	•		•		•		•	
	•	•			•		•		•	•		•			•
	•		•	•			•	•			•	•			•
•			•		•	•			•		•		•		•
	•		•		•	•		•		•		•		•	
•		•		•		•			•	•			•	•	
•			•	•			•		•	•		•		•	
	•		•	•		•			•	•			•	•	
•			•		•	•			•	•			•		•
	•		•	•			•	•			•		•	•	
•			•	•			•		•	•		•		•	

N	R	C	I	N	R	C	I	N	R	C	I	N	R	C	I

N	R	C	I	N	R	C	I	N	R	C	I	N	R	C	I

N	B	C	I	N	B	C	I	N	B	C	I	N	B	C	I

N	R	C	I	N	R	C	I	N	R	C	I	N	R	C	I

N	R	C	I	N	R	C	I	N	R	C	I	N	R	C	I

N	R	C	I	N	R	C	I	N	R	C	I	N	R	C	I

N	R	C	I	N	R	C	I	N	R	C	I	N	R	C	I

N	R	C	I	N	R	C	I	N	R	C	I	N	R	C	I

N	R	C	I	N	R	C	I	N	R	C	I	N	R	C	I

N	R	C	I	N	R	C	I	N	R	C	I	N	R	C	I

N	R	C	I	N	R	C	I	N	R	C	I	N	R	C	I

N	R	C	I	N	R	C	I	N	R	C	I	N	R	C	I
•			•	•			•		•		•		•		•
•		•			•		•		•	•		•			•
	•		•		•	•			•		•		•		•
•			•	•		•			•		•		•		•
•			•	•			•	•			•		•		•
•			•		•		•		•		•	•			•
•			•		•		•	•			•	•		•	
•			•		•	•		•		•		•		•	
	•		•		•	•		•		•			•	•	
	•	•		•			•	•		•			•	•	
	•		•	•			•	•			•	•		•	
•			•		•		•	•			•	•			•
	•	•		•			•		•		•		•	•	
	•		•		•	•		•		•		•			•
	•		•	•		•		•			•	•			•
•			•	•			•	•			•		•	•	
	•		•	•			•		•		•	•		•	
	•	•		•			•	•		•			•	•	
	•		•		•	•			•		•	•			•
	•	•			•	•		•			•		•		•
•		•			•		•		•	•		•			•
	•		•	•			•		•	•			•	•	
	•	•			•		•		•		•	•			•
•		•			•	•			•		•	•		•	
•		•			•		•	•		•		•			•
•		•			•		•		•	•			•		•
•		•		•		•		•		•		•		•	
	•		•	•			•		•		•	•		•	
•			•	•		•		•			•		•	•	
•		•			•	•			•		•		•	•	
•			•		•	•			•		•	•		•	
•			•	•			•	•		•		•			•
•			•	•			•		•		•	•		•	
•		•			•	•		•			•	•		•	
•			•	•		•		•		•			•		•
	•	•		•		•		•		•			•	•	
	•		•	•		•		•		•			•	•	
	•	•			•		•		•		•		•		•
•			•	•			•		•		•	•			•
	•	•			•	•		•			•	•			•
•			•		•		•	•			•	•			•
•		•		•		•		•			•	•			•
	•	•			•		•		•	•		•			•
•		•		•			•		•	•			•		•
•		•		•			•		•	•		•			•
	•		•	•		•		•		•		•			•
	•		•	•		•		•			•		•	•	
•			•		•		•	•		•			•	•	
	•	•			•	•		•		•			•		•
•			•	•		•			•		•		•		•
	•		•	•		•			•	•			•	•	
	•	•			•		•		•		•		•		•
•			•		•		•		•		•	•		•	
•			•		•	•			•		•	•		•	
•		•			•		•	•			•	•		•	
•			•		•		•		•		•	•			•
•			•		•	•			•		•	•		•	
•		•		•			•	•		•			•	•	
	•		•		•	•		•			•	•			•
	•		•	•		•		•		•			•		•

N R C I N R C I N R C I N R C I

A LA MEME LIBRAIRIE

G. GRÉGOIRE

Traité du Trente-Quarante. 1 vol. grand in-8° ..... 12 fr. »

Échiquier du Trente-Quarante, donnant toutes les figures du Trente-Quarante et de la Roulette, avec la manière de les attaquer. une feuille in-plano ..... [illegible] »

Le même, collé sur toile et plié ..... 7 »

Traité complet de la Roulette, de ses rapports avec le Trente-Quarante et de l'assimilation de ces jeux avec les Échecs et les Dames, suivi de **15,000 coups de Banque.** 1 vol. grand in-8° ..... 6 »

Cent mille coups de Banque, applicables au Trente-Quarante et à la Roulette, recueillis par G. Grégoire. 1 vol. grand in-8° ..... 8 »

Guide-Manuel illustré du Jeu de Dames, règles, principes et instructions pour le bien jouer. 1 vol. grand in-12 ..... 2 »

Traité complet illustré du Jeu de Dames, par Lallement. nouvelle édition. revue et augmentée. par G. Grégoire. 1 beau volume grand in-12. de plus de 300 pages. renfermant 415 figures ..... 4 »

J.-A. DE R. ET DUNCAN FORBES

Nouveau Manuel illustré du Jeu des Échecs, lois et principes. classification des débuts. parties modèles. fin de parties. etc. 1 vol. grand in-12 ..... 2 »

VAN TENAC ET DELANOUE

Manuel du Jeu de Piquet. 1 vol. in-32 ..... » 25

Traité du Jeu de Whist. 1 vol in-32 ..... » 25

Manuel des Jeux de Boston : Boston de Fontainebleau, Boston de Lorient, Boston anglais, Cribbage, Vendôme, etc. 1 vol. in-32 ..... » 25

Manuel des Jeux de Bezigue, d'Écarté et de Reversi. 1 vol. in-32 ..... » 25

Manuel des Jeux de Bouillote, Lansquenet, Brelan, Florentini, Baccarat, Treize et Pharaon. 1 vol. in-32 ..... » 25

Manuel des Jeux d'Impériale, Triomphe, Mouche, Ambigu, Nain-Jaune, Mariage, Rams, Vingt-et-un, Loterie, Tontine. 1 vol. in-32 ..... [illegible] 25

Les Six Volumes réunis en un ..... [illegible] 50

LÉON COSSON

Traité illustré du Jeu de Billard. 1 vol. in-32 ..... [illegible] 25

PARIS — IMPRIMERIE DE DUBUISSON ET Cie, 5, RUE COQ-HÉRON. — 6482.

www.ingramcontent.com/pod-product-compliance
Lightning Source LLC
LaVergne TN
LVHW011953180726
843502LV00005B/1410
* 9 7 8 2 3 2 9 5 7 1 0 9 6 *